認めてほめて愛して育てる

七田眞　七田厚
Shichida Makoto　Shichida Ko

PHP

はじめに

子どもをどのように考えて育てればよいか、よくわかる本を1冊書いてほしいと多くの親御さんからよく言われていました。小さい子どもの見方、接し方、しつけ方から、小学生、中学生、高校生になった子どもたちにも当てはまり、社会人に育てるまでの子育ての指針になるような本を書いてほしいという注文です。

子育てのコツは、原則がわかれば本当は非常に簡単なのです。この本の題名の通り、「認めて、ほめて、愛して」育てればよいのです。

どの子もみな、小さい子どもから大きな子どもまで、心の奥底で無意識に、「認められたい」「ほめられたい」「愛されたい」という願望を持っています。その願望を満たしてあげると、どの子も、心の育ったやさしい、人のことを思いやることのできるすばらしい子に育つのです。

親が子どものこの願望を満たし、充分愛情を伝えてくださると、どの子もみなすばらしく育つのです。ただ、現実は、親が子どもに愛情を伝える方法をよく知らないので、子育てに問題が生じているというケースがほとんどなのです。

親が子どもに愛情を伝える方法が、〝認める、ほめる、愛する〟であることを知り、それを実践してくださった親御さんは、子どもとの関係を改善し、素敵な親と子の信頼関係を築くことに成功していらっしゃいます。

子どもをしつける、子どもの能力を育てるということを考えるより前に、何より親と子の信頼関係を築いてくださると、子どもとのすべてのことがスムーズに滑りだします。

その実際の様子を、実例を交えながら詳しく述べてみようと思います。

子どもを認めて、ほめて、愛して育てると、親と子の心が育ち、通い合い、親と子の信頼関係が築かれます。その上に、子どもに大きく親のビジョンを伝えて子育てをしていただきたいと、著者の私たちの夢を託しながら、この本をお届けします。

七田眞
七田厚

認めて　ほめて　愛して　育てる　目次

第2章　「厳しさ」を必要とする子どもたち
〜真の「厳しさ」が心を育てる〜

第3章 親子の「信頼」関係を築く

～子どもの持ち味を大切にする～

第4章 親のプラス暗示が子どもを育てる

第5章 心を育てることに目を向ける

終章 子育ては夢育て
～夢を大きく持てる子がその夢を果たす～

装幀◎小口翔平＋喜來詩織（tobufune）
装画◎猪原美佳
本文イラスト◎さいとうあずみ
本文組版◎朝田春未

序章
子育てのキーポイントは「愛」と「厳しさ」と「信頼」

子育て三種の神器

しつけに関して、私が保護司をしていた頃勘案して創った「子育て三種の神器」というのがあります。これは親の子どもに対する接し方、育て方をテストするもので、親の子育てをテストして、6歳までの親の育て方でその子が将来非行を犯す可能性があるかどうかがわかるというものです。親がこの3つが満たされている子育てをしていると、子どもは将来絶対非行に走ることはないのです。

このテストで調べることは、第一が「愛」です。子どもが親の愛を充分受け取っているかどうか、あるいは親が子どもに充分愛を伝えているかです。愛について難しいことは、親のほうは子どもを充分愛していると思っているかもしれませんが、子どものほうは親の愛を正しく受け取っていないことが多いということなのです。

親は子どもに対する愛を心に思っているだけではいけません。適切に言葉と態度で示してあげなくてはなりません。それには、子どもを抱きしめて、口先だけでなく心からほめることが大切です。愛はただ心に思っているだけでは子どもに通じません。言葉と態度で示す必要があるのです。これは夫婦間でも同じではないでしょうか。

テストの第二は「厳しさ」です。子どもに充分な愛を与えた上での厳しさです。愛が充分に伝えられていないのに、ただ厳しいだけでは子どもはうまく育ちません。

また、厳しさの伴わない愛だけでもダメなのです。ここがわかっていただきたいところです。厳しさのない愛は溺愛です。私は絶対子どもを叱りませんと言われる親御さんがいます。それで上手に子育てをしていらっしゃるかと思えば、子どものわがままに手を焼いていらっしゃるのがまず普通です。

これは厳しさを欠き、子どもをわがままにしてしまった例です。「愛」プラス「厳しさ」が必要とわかって、充分愛を伝えた上で厳しさをちょっと加えたら、子どもの態度が直ってすごくうまくいくようになったというお便りをよくいただきます。

愛の上にちょっぴり厳しさも必要なことも知っていただきたいものです。小さな頃に親の厳しさを知らない子どもは野放図に育ち、がまんのできない子に育って、やがて親の言うことを聞かなくなります。

全然叱らないで上手に育てておられる親御さんも、たった一度だけ、ここぞというときに厳しく叱ることを覚えてください。昔の親はそういう育て方をしたものです。ただ厳しいだけではダメなのです。愛が先行していなくてはいけないのです。

テストの第三は「信頼」です。子どもをどんなことがあっても信頼して育てる。3つのテストのうち、これが子育てのいちばん大切な基本です。たいていの子育てはこがわからず、基本から大きくはずれるので子育てを難しくしてしまいます。

子どもの本性は、本当にすばらしく光り輝いているものなのです。それを光り輝かせるのも親なら、曇らせるのも親です。子育ては能力を育てようと考えるよりも、うまくしつけようと考えるよりも、親と子が信頼関係を築くことが基本です。

これがうまくできると、すべてが順調に滑りだします。信頼関係の基本は、親が子に「あなたがそこにいてくれるだけで、ママもパパも幸せなのよ」と言えることです。口先だけでなく、本当に心からそう思っていることです。これができれば子どもがどんなに発達が遅れていようと、勉強が遅れていようと気にならなくなります。

この3つのテストが合格のとき、子どもは成長して非行に走ることはないと確信を持って言えるのです。

「ほめる」「叱る」についてのアンケート

子どもをほめて育てるか、叱って育てるかについて、親御さんへアンケートを試みたことがあります。ほめること、叱ることについて、自由に思うことを書いてもらいました。次のような記述がありました。

①1日中子どもと顔をつきあわせていることが多い母親にとっては、「ほめて育てよ」はわかっているけれどできない。どうしても叱る言葉が飛びだしてしまう。
②他人の迷惑になることや危険なことは、断固叱るべき。
③「ほめる・叱る」をうまく使いわけたいが、その使いわけがわからない。
④厳しく育てることに賛成。集団生活、社会生活の中で基本的なルールを身につけてほしいから。

⑤叱らない親が多すぎる。公共マナーや危険なことは、厳しく叱るべき。
⑥何をしても叱らないので、善悪のけじめのない子、ルールのわからない子が多く育っている。
⑦叱るのは、他人に迷惑をかけたときだけでいいと思う。
⑧「ほめて育てる」に変えたら、子育てがとっても楽になった。
⑨自分の失敗を人のせいにしたときは、「それは正しいことではない」ときっぱり注意している。叱るのではない。「人のせいにしてはいけないよ。あなたの努力が足りなかったのではないか?」という正し方をしている。
⑩宿題をせずにテレビばかり見ているときなど、叱らずにテレビから離れられるように子どもの興味、関心があるものに子どもを誘うようにしている。その上で、「さあ、宿題をやってしまいなさい」と指示すれば、抵抗なく動いてくれる。

子育ては叱って育てるのがよいのでしょうか?　ほめて育てるのがよいのでしょうか?　親はなぜ子どもを叱ったりほめたりするのでしょう。しつけのためというのが、その最大の理由でしょう。

しかし本当は、親の望ましいと思っていることをさせ、望ましくないと思っている行動を叱ることで減らしたい、という気持ちから発しているのではないでしょうか。これは、「ほめると強化され、叱ると消去される」という学習の法則を信じているからなのでしょう。

たしかにそういう効果が一面では見られますが、もっと効果の大きい学習の法則があります。認められ、ほめられ、愛されることで、100パーセント子どもが変わり、しつけがいらなくなるのです。

大好きなママ、パパにほめられ、認められ、愛されるので、いっそう喜んでもらいたいと子どもの心が動き、やる気と積極性が生じます。

子どもは自分を認め、ほめ、愛してくれる親に対しては、100パーセント心を開き、親の言うことに抵抗を感じないで、素直に言うことに従います。

反対に自分を認めてくれず、ほめてくれない、愛してくれていないと感じる親に対しては、心を閉ざし、不信と反抗心を育てます。

親が子どもにガミガミ言い、叱って育てるのは、こうしてみると少しも得策でないのがわかります。それは子育てにいちばん大切な「愛」を子どもに伝えないからです。

子どもの非行の原因について

私はしばらく保護司の仕事をしていたことがあります。保護司というのは、罪を犯した少年たちを、すぐ刑務所に送ることはしないで、一定の期間、保護観察の期間を置き、その間に罪を犯した少年たちが、再び罪の道に走らず更生できたら、社会にそのまま復帰させる、そういうお手伝いをする仕事です。

そのような少年たちに接していて、少年たちに共通する3つのことがあるのを、私はいつも感じていました。

その第一は、少年たちが愛を知らず、冷たい心をしているということでした。このような少年たちと話していると、その子たちの心がとても冷えているのを感じるのです。それは実は、少年たちが親の愛を受け取っておらず、そのため親を愛していないのはもちろん、人に対する愛も持つことができないで、冷たい心をしているのです。

少年たちがなぜそのように冷たい心をしているのか、少年たちの両親に会ってみると、その原因がよくわかります。両親たちが少年を見限っていたのです。両親たちは私と話しながら、「あんな子どもに育てた覚えはない。わが子とは思わない。勝手にするがよい」と冷ややかに言われるのです。両親たちの心が寒々としていて、子どもへの愛がないので、少年たちが愛を知らないでいるのだと、いつも気づかされたものでした。両親に子どもへの愛がないから、子どもの親への愛、他の人への愛が子どもの心に育たないでいたのです。これは子育て三種の神器の「愛」が欠乏しているのです。

非行少年たちに見られる第二の特徴は、彼らに感情のコントロールが欠けている、つまりわがままで、忍耐力が欠乏しているということです。

非行の第一の原因は、子どもに愛が欠乏していることであり、第二の原因は彼らに忍耐力がない、がまんする力がないということです。

これは子育て三種の神器の「厳しさ」の欠乏です。子育てをするときに、親が子どもを溺愛して、子どもの言うまま、望むままに甘やかして育てた結果が、自分の欲望や感情をコントロールできない子どもにしてしまったのです。

子どもの望むままに育てることは、決して子どもの意志を自由にのびのび育てる結果にはなりません。それは子どもをわがままに育てるだけです。子どもを甘やかし、がまんを教えないと、子どもの欲求は次第にふくれ上がっていきます。

一つの望みが思う通りにかなえられると、もう一つを望みます。親が子どもにがまんを教えず、どの望みでもかなえてやる習慣であれば、子どもの欲求はとどめようがなくなり、がまん、忍耐力を学ばずに育ってしまいます。

小さい頃からがまんを学んで育った子どもは、自分の欲望を抑えることを知っており、欲求不満を抱えこむことはないのです。

非行少年の第三の特徴は、彼らが親に信頼されず、拒否的に育てられたということです。子どもたちの望みを果てなくかなえていこうとすると、どこかでかなえられなくなり、今度は拒否的に抑えにかかります。

子どもたちはどこかで「ダメ！」「いけません！」と拒否的に育てられはじめることになります。これは子どもを認め、ほめ、愛する子育てとは反対のやり方です。

そのやり方がひどくなり、過度に続くと、子どもの心はゆがんでいきます。その不幸な結末が非行につながることがあるのです。親の愛を知らず、厳しさを知らず、親から信頼されなくなると、子どもは、非行の道へ走りやすくなります。

第1章

子育てにおける「愛」とは

～どのように伝えればよいのか～

子育ては楽しんでするもの

子育ては〝親も楽しい、子どもも楽しい〟という子育てがいちばんうまくいきます。親が楽しんでいなければ子育てはもちろんうまくいきませんが、子どもも楽しんでいなければいけません。

上手な子育てをなさっている親御さんは、子どもを退屈させないように、子どもを楽しく過ごさせるように、愛情深い心づかいをなさっているものです。

ところがある調査では、日本の親が子どもにかける1日の言葉の70パーセントが攻撃かマイナスの内容だといいます。ということは、日本では子育てがうまくいっていない家庭が多いと暗示しているようです。

子育ての最大のボトルネックは親が子どもにガミガミ叱り、小言を言うことです。叱って育てると子どもの頭には抵抗壁が生じます。親の言葉を素直に聞かなくなりま

す。小言が頭に入らないだけならいいのですが、学習することも頭に入らなくなります。ここがわかっていただきたいところです。小言は子どもの心から愛を失わせ、親と何をしても楽しくないという気持ちを生じさせます。

一方、叱られずに素直に育てられた子どもの頭には、親の言うことが何の抵抗もなくスイスイ入っていきます。とてもよく学ぶ子どもの特長は、とても素直に育っていることです。他の子どもたちに対してもやさしい子どもに育っています。親の愛情に包まれ、やさしく、叱られずに育ったので、素直ないい子に育っているのです。

子どもをきつく叱って育てると、爪か

み、吃音《きつおん》、チック、おねしょなどの症状が起きてきます。子どもはやる気を失い、年中親の顔色を窺《うかが》うようになります。

もし母親が子どもに対してではなく、夫に対して次のように言ったらどうでしょう。

夫の顔を見れば、「あなたはもっと勉強しないとダメよ。課長になれないわよ」「収入が少ないわよ。お隣のご主人はもっとお金を持って帰るわ」「ごはんがすんだらすぐテレビなんか見ないで、少しは仕事の本でも読んだらどうなの」と。

これらの言葉は夫を楽しませるでしょうか。夫はたちまち腹を立てて、けんかになるでしょう。2週間も続ければ離婚騒ぎに発展するかもしれません。

夫婦が楽しく過ごすには、互いにいたわり合い、やさしい言葉をかけ合うことです。子育ての場合もまったく同じです。子どもを一個の人格として接することがとても大切なのです。

ところが普通、人はあまりほめるということをしないものです。夫婦間を振り返ってみてください。お宅ではご夫婦で相手をほめ合っていますか？

ある実験がなされました。何組かの夫婦のための研究会でした。会長が参加者に配偶者のよい点を15項目ずつ書くように言いました。いちばん早い人が15項目書き上げたとき、まだひと項目も書けない人がたくさんいました。

人はこのように身近にいる人とさえ、平生長所を認め合い、ほめることをあまりしないものです。ましてわが子を認め、ほめようとはしないものです。これでは人間関係がうまくいくはずがありません。この実験は、夫婦間でもほめ合うことが愛を深めるという学習でした。

ある心理学者が言っています。

「子育てには、ひとつも難しいことなどはないのですよ。ただほめること。それあるのみです。行儀よく食べたらほめる。絵を描いたらほめる。ちょっと片づけを手伝ったらほめる。ただそれでいいのです」

人間は一生、罰を避け、ほうびを求めて生き続けるといわれます。ほめ言葉こそ人間が求めるものであり、それを手にするために働き続けるのです。

ほめることが家庭内を楽しくします。愛にあふれたものにするのです。

子育てが難しいと感じているとき

子育てが難しいと感じていませんか？　もしそう感じていれば、それは親御さんの愛がうまく子どもに伝わっていないために、子どもの様子がおかしいのです。叱れば叱るほど子どもの様子がおかしくなっていくことを、すべての親御さんが体験しておられると思います。

このようなとき、どうしたらよいのでしょうか？　子どもを変えようとせず、親が変わればよいのです。親が変われば子どもは一変します。

子どもは親自身の姿をうつす鏡です。子どもの今の姿は、親が育てた姿です。良くも悪くも、親の子育ての結果です。

子どもを変えようとして、小言を言い、叱り、あるいはたたいて育て、うまくいかないのですから、思い切ってやり方を180度転換してみましょう。叱ることをいっさいやめて、１週間徹底的にほめて育ててみるといいのです。

親がいつも明るく、やさしく、子どもに「いつも親は自分の味方だ」と思わせることに成功すればよいのです。

たいていはこの反対をやっています。子どもを叱り、小言を言い、子どもを敵にまわして攻撃しています。

これでは親も子も楽しい子育てという理想からはるかに遠いわけです。勉強がスムーズにいかないのも当たり前です。

でも、わが子には、短所ばかりでほめるところがないという親御さん。子どもが欠点だらけでもいいのです。それをそのまま受け入れて、子どもをまずほめてみましょう。見方を変えると、子どものすることがすべてほめる種になるのです。

まず、子どもが朝元気に目を覚ましたことをほめてあげてください。

「ゆきちゃん、おはよう。元気に目を覚ましたのね。ゆきちゃんが元気に起きてきて、ママ嬉しいわ」

と言って、ニッコリほほえみかけましょう。

すると親の笑顔を見て、子どももニッコリします。すると「笑顔がいいね」とまた一つほめることができます。

着替えがすめば、着替えが上手にできたとほめ、「おはよう」が上手に言えれば、挨拶が上手にできたと言ってほめれば、たちまち50ぐらいのほめ言葉が出てきます。

このように、1日50以上のほめ言葉を子どもに浴びせてほしいのです。するとたちまち子どもが変わってきます。親の子どもに接する態度が変わると、子どもが変わるのです。

このように親の態度を変えるコツは、子どもを今のままで認めよということです。欠点は欠点としてそのまま受け入れて、欠点はいっさいつつかない、いい点だけをほめるようにするということです。

欠点と長所はシーソーのようなもので、欠点をつつかずに、いいところだけ見つめてほめるようにしていると、いつの間にか長所が重くなり、欠点が軽くなって、次第になくなっていくのです。

✉お母さんのお便り①　わが子はほめるに値する子どもだった！

先日、スイミングのテストで飛び級をすることができました。ですが、実は先月行われた初めてのテストで落ちてしまい、正直私はつい周りを見て〝娘は向いてないのかな〟と思ってしまいました。

ですが、娘は毎日欠かさず、お風呂でお顔つけの練習をがんばり続けていました。その甲斐があって、今月は飛び級という結果に！　私は、先月つい結果だけで娘を見てしまったことを深く反省しました。大切なことは、過程だったのですね。

娘は時間がかかることが多いのですが、コツコツ努力をする力は誰にも負けないなと改めて私が気づかされ、心から誇らしい気持ちになりました。そして、そういうことが何より大切だと教わったのは、今までの七田式教育です。その日は、主人と１カ月がんばり抜いた娘をたくさんほめて喜び合いました。この今の気持ちを忘れず、娘のペースに合わせて支えていけたらと思います。

親の愛が子どもの心を育てる

子育ての目的は何でしょう？　子どもの心を育てることと考えましょう。子育てを知らないで、未熟な親が子育てをすると、子どもの体や心に悪い影響を与えます。親が子育てでイライラし、不愉快な原因はすべて子どもにあると思い、子どもにつらく当たると、子どもは素直に伸びなくなります。

近年特に、目や耳をふさぎたくなるような子どもに対する虐待事件が報じられることが多くなりました。虐待を受けた子どもは、脳にも大きな影響を受けてしまうことがわかってきています。虐待によって、本来、発達が著しい子どもの脳に対して大きなダメージが残るのです。『虐待が脳を変える――脳科学者からのメッセージ』（友田明美・藤澤玲子著／新曜社）によると、厳しい体罰や暴言によって、脳の前頭葉にある前頭前野と呼ばれている、思考や判断にかかわるところが縮小してしまったり、聴覚野が変形してしまったりすることがわかっています。また、親の暴力などを見聞きした子どもは、視覚野が縮小してしまうともいわれています。

さらに、小さな子どもの頃から虐待を受けて育ってしまうと、子ども自身が外の世界のことをあまり知らないため、虐待を受けていることを当たり前だと思ってしまい、親からいくらひどい扱いを受けても、それが普通ではないということに気づかないこともあるほどです。親への愛があるために、つらいという気持ちを抑え込んで、自分が悪いのだといつも思ってしまうのです。また、親自身が虐待を受けて育ったために、自分の子どもにも同じように虐待をしてしまうというケースも少なくないようです。

初めての子育ては、親御さんも子どもと同年齢です。子どもが1歳になれば、親も親年齢が1歳です。そして、育児は育自ともいわれます。親自身も子どもと一緒に育っていくものなのです。子どもだけでなく、親子関係、ご家庭での生活や親子の環境にも向き合い、子どもがよりよい環境で能力を開花できるようにしてあげるのは、親ができる最高のプレゼントの一つでしょう。

子育ての基本は「認めて、ほめて、愛して」育てることです。知識や技術を教え込むことを子育ての目的にすると、心不在の教育になり、子どもの姿がおかしくなり、子育てが楽しくなくなるのです。

子育ては本来楽しいものです。親としての幸せを実感するような上手な子育てをしましょう。

精一杯子育てをしているのに、子どもがうまく反応してくれない。子どもがうまく反応してくれないのは、自分のせいではなく、子どものせいであると考える。これが未熟な親のしるしです。

最初は未熟でいいのです。誰だって初めは、未熟なのですから。そこから学んで、上手な子育てのできる親に成熟していけばよいのです。

成熟した親のしるしは、親が至らないために子どもの反応を悪くしていると反省できることです。うまくいかないのは、親がそのように「刷り込み」をしていると気づき、愛情不足、言葉不足、ほめることが少なくて、子どもの心を動かなくしていると気づくことが重要です。

親の接し方で、子どもの無意識の心に悲しみや不満、不安を刷り込んでしまうと、子どもがおかしくなりはじめるのです。自分の接し方で傷ついた子どもの無意識の心が、子どもをおかしくしているのだと、さっと反省できることが大切です。

子どもが恥ずかしがり屋で引っ込み思案。外向的でなく内向的。何でも人のせいにする。自分が正しく人が悪いと言う。叱るとすねる。これらを、子どもが持って生まれた性格だと思ってあきらめていませんか？　実はすべて親が育てた姿なのです。

これらの姿は親の愛情が正しく伝わっていない姿なのです。親が気づいて正しく子どもに愛情を伝えると、子どもの心が育ち、様子が変わります。

やさしい心根や性格、才能も親の刷り込みであれば、いじわる、わがまま、優柔不断、攻撃的であるのも、親の育てた姿なのです。そしてそれらはもうどうしようもないものではなく、いつでも親の深い愛があれば取り返せるものなのです。

ある親御さんは、性格は優柔不断、学校の成績は中くらいの、小学5年生の男の子が、下の小学3年生の学校の成績もよく、積極的な弟と比べて何かにつけて劣ると思い、この子をどうしたものかと、ずっと思い悩んでいました。

私の本を読み、子どもをそのままでいいんだと受け入れることを学び、親の愛を伝える方法を試みたところ、どうでしょう、その子が一変してしまいました。明るくなり、記憶力のよい子に変わり、学校の成績もよくなりました。

親の愛を伝えればいつでも取り戻しができると聞き、その方法を実践してみたのです。その実践の方法とは、

①子どもをそのままでよいと受け入れる。

②子どもを抱きしめ、これまでに子どもの無意識の心に悲しい思い、不安や不満な思いを与えていたことがないかを反省し、思い当たることがあったら、心からそのことを子どもに詫《わ》び、今、いかに自分がその子のことを愛しているか心から伝える。

というものです。

その子は、低出生体重児で生まれ、生後1カ月間保育器の中に入れられて育った子でした。

「あなたが生まれたとき、小さくてそのままでは育たなかったので保育器に入って育

ったの。そのことであなたを充分抱いてあげることができず、あなたに淋《さび》しく、悲しい思い、不安な思いをさせて本当にごめんね。でもママはあなたを本当に抱きしめてあげたかったのよ。それができなかったので、今あなたを力いっぱい抱いてあげるわね。勉強、勉強って勉強のことばかりやかましく言ってきたけど、そんなことは関係なく、あなたはママの大切な宝なの。ママはあなたが大好きよ」――母親がそう言って、その子を強く抱きしめると、その子は照れくさそうに、それでも母親の抱きしめを喜んでいました。

その日からです。子どもの能力が一変したのは。今まで悪かった記憶力がよくなって、弟よりもすぐれた成績を示す学科も出てきました。

これは実はホルモンの働きに関係があります。ホルモンの働きについては、次に詳しく述べてみましょう。

ホルモンの働き

脳は一般に神経の塊と思われていますが、実はホルモンの塊なのです。脳の神経細胞は、ホルモンの働きがないとうまく働きません。

胎児の脳の発達もホルモンの分泌によって進みます。親の愛情がよく伝えられると胎児の頭には充分な成長ホルモンが分泌されて、発達がよく進みます。

生まれた赤ん坊の脳は、生まれてすぐ親に抱かれ、愛撫《あいぶ》され、親の愛情を充分受け取ることで、成長ホルモンの分泌が進み、成長が順調に行われるのです。

ホルモンには人間の頭の働きにプラスになるものと、マイナスになるものとがあります。人がリラックスしているとき、楽しいときはベータ・エンドルフィンという脳内モルヒネホルモンが生じます。不安でいるときは、毒素のあるホルモンが生じます。

1983年、科学誌『ネイチャー』が初めてこのプラスのほうの脳内モルヒネについて発表しました。このホルモンは、従来鎮痛効果しかないと思われていたのに、実はどんな薬もかなわないすばらしい自己治癒力があることがわかったのです。

人が深いリラックスの状態に入ると、このベータ・エンドルフィンが分泌され、それが一瞬にして頭の働きを変えることがあります。人間の潜在能力はこのホルモンと関係があるのです。

人がストレスの状態にあるときは、これと反対に人間の能力を低くするアドレナリン系のカテコールアミンという不安ホルモンを出します。

脳にはこのほかやる気ホルモンと呼ばれるＴＲＨの分泌も見られます。ＴＲＨは正式な名前をサイトロピン放出ホルモンといいます。このホルモンは視床下部でつくられ、脳下垂体に働きかけるサイトロピンというホルモンを分泌させ、それがさらに甲状腺に働きかけてサイロキシンと呼ぶホルモンを分泌します。

そこでこのホルモンのことを甲状腺刺激ホルモン放出ホルモンと呼ぶことがあります。このホルモンは行動力のもとといわれ、一般にやる気ホルモンといいます。

ホルモンのことをこのように詳しく書くわけは、しつけと深いかかわりがあるからです。親の子どもにかける言葉の一つひとつが、単に気分の問題ではなく、科学的に子どもの頭の働き、能力、性格にかかわってくることを知ってほしいからです。

脳にはA10《エーテン》神経と呼ばれる快感神経があります。この神経は1954年、カリフォルニア工科大学のジェームズ・オールズ教授が発見しました（『賢い脳の作り方』講談社）。

A10神経という名前の由来は、A系列で10番目の神経核として分類されたためにつけられた名前ということです。

A10神経の神経線維は、脳幹を出て心にとって最重要なかかわりを持つ大脳新皮質（〝知〟の働きをするところ）と大脳辺縁系と大脳基底核（〝情〟の働きを生みだすところ）と脳幹の視床下部（〝意〟の働きを生みだすところ）を通っています。1000億を超える人間の脳の神経細胞の中で、このA10神経だけが、人間の心とかかわりが深いこの3つの箇所だけを通っているのです。

A10神経は快感を生じ、感情や心の働きの源泉となるもっとも重要な神経です。A10神経は生命中枢（食欲、性欲、快楽を司る中枢）から出て、やる気を感じる側坐《そくざ》核《かく》、記憶を司る海馬、創造性を司る大脳新皮質へと伝わっていきます。

子どもの頭は、楽しく感じる行為をしているとき、神経伝達物質の一種であるドー

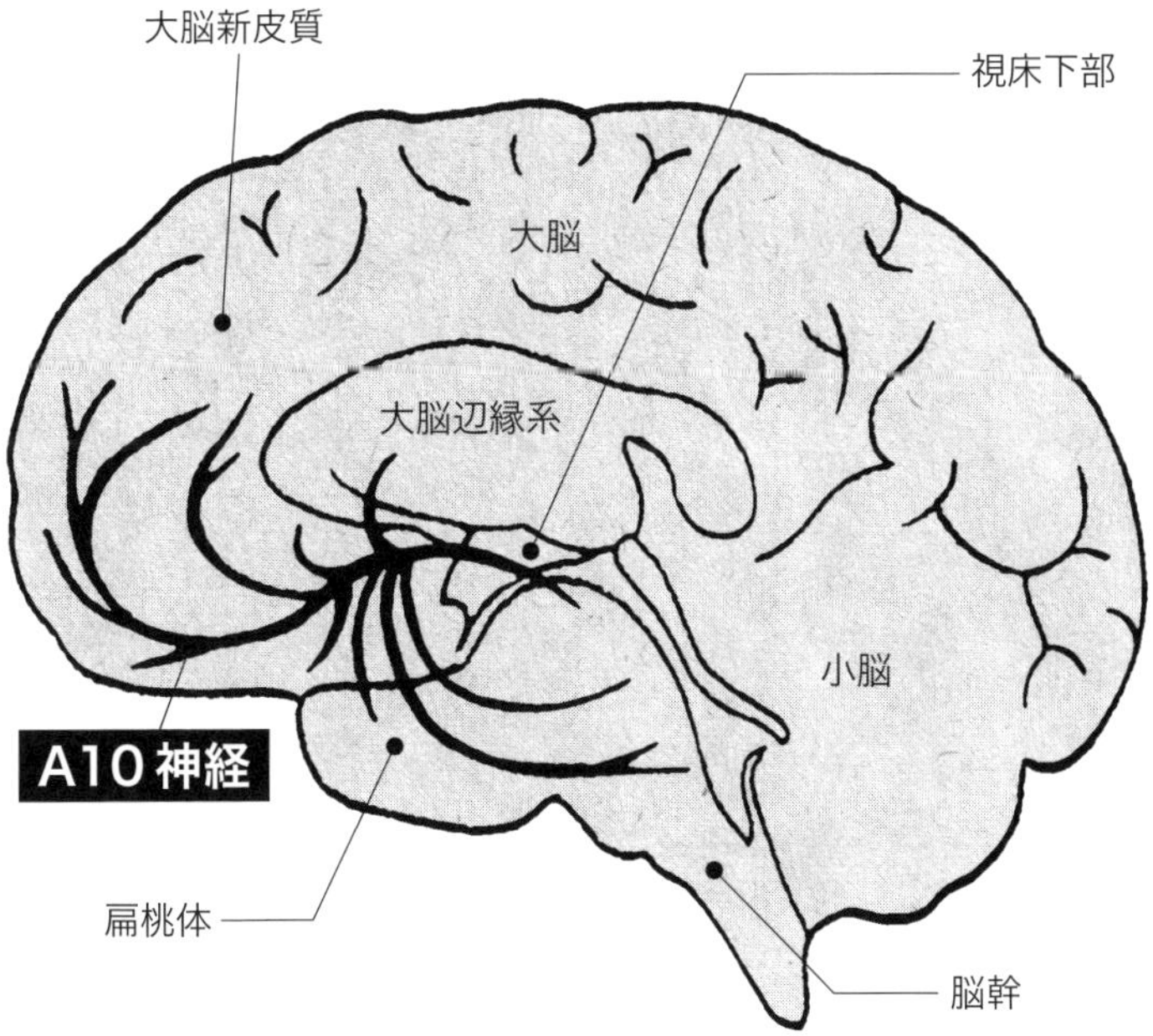
大脳新皮質
視床下部
大脳
大脳辺縁系
小脳
A10神経
扁桃体
脳幹

パミンと呼ばれる快楽ホルモンが放出されます。ドーパミンが出て、やる気の側坐核、記憶の海馬、創造性の大脳新皮質の活動が活発化されます。

嫌々させられているときは、ノルアドレナリンという、嫌だなと思うと出る毒性のあるホルモンが出て、頭の働きを悪くします。

叱って育てるほどやる気を失わせます。脳の働きはホルモンで動いているのです。楽しくないときは、頭がよく働かないのです。子どもの心に怒りや強い不満、不安、恐れの気持ちがあると、子どもの心はうまく育たず、知的な伸びも停滞を見せます。

逆に親も子も楽しんでいるときは、やる気ホルモンと呼ばれるサイトロピン放出ホルモンが出て、子どもはやる気でいっぱいになります。

脳のこの働きを理解しましょう。すると、子どもを叱って育てることがいかにマイナスか、子どものやる気を育てるにはどうすればよいかなどが、はっきり見えてくるでしょう。

子どものやる気は愛から育つ

子どものやる気は親に愛されているという安心感から育ちます。親が子どもに対して、柔らかく、温かく、爽やかな声をかけてあげると、いっぺんに楽しくなり、不安も消し飛び、ママ、パパが自分についていてくれる、怖くはないぞと外に対して積極的に向かう態度が育ちます。

反対に親の声が暗く、沈んでいる、冷たい、荒々しい、皮肉っぽい、とげがある、黙って声をかけてくれないとなると、子どもの心はいっぺんに不安に満たされます。するとやる気も消えてしまうのです。子どもの心に強い不安、強い恐れ、怒りなどの気持ちが潜んでいると、子どもの心はうまく育たず知的な伸びも停滞を見せます。感情の発達も大幅に遅れます。

子どもの心に強い不安、不満、恐れ、怒りなどを起こさせていないでしょうか。子どもへの言葉がけが少ないと、子どもはだんだん不安定になります。

泣いている子どもに「どうしたの？」としつこく聞いても、いくら言葉をたくさんかけても、子どもの心に愛を伝える語りかけでないと、子どもには「わかってくれない」と不満をかき立てることになります。

「悪かったね。ちょっと用があったので遅れてしまってごめんね」とか「お腹がすいたでしょ」と、しみじみ親の気持ちを注ぎ込んであげると、子どもは心の底から、私のことを考えてくれていると、嬉しさと楽しさでいっぱいになります。

子どもは心のこもった親の愛の言葉を待ち望んでいて、それを与えられると安心し、そこからやる気を大きく育てるのです。

このように子どもがやる気を出すように育てるのが育児です。そしてやる気を育てるには、正しい刺激、つまり愛のこもった言葉がけが必要です。愛という刺激が子どもの心を豊かに開いていきます。閉ざされた心も開きます。

子どもはもともと無限に伸びる本性を持っていて、ここに親の愛の光を注いであげれば、どんなに心を閉ざした子どもでも、必ず心が溶け、動きだします。

積極性がなく、自分で動かない子、言われた通りにしか動かない子はどうして育つ

のでしょう？　親がこの子は何も知らない、何もできない、私よりも劣っていると いう扱いをしていて、子どもにかける言葉が、命令語・否定語・禁止語になっているとき、子どもの心は動かなくなるのです。

命令されて動く子は、嫌々動いているから動作は鈍くなります。することもうまくできないものです。うまくできない。のろのろする。上達しない。すると親はまた叱る。すると子どもは「ママはいつも私に嫌なことばかり言う。私が嫌いだから」と思い、ますます不安な心をつのらせます。

子どもは本来好奇心にあふれ、学びたい気持ちをいっぱい持っているものなのです。けれども子どもの心の動きには無関心に、親が教え込もうとすればどうでしょう。親のすることが子どもの興味や関心に合っていればいいのですが、合っていなければ、子どもは顔を背けてしまうでしょう。

これは、「ママ、そんなことには興味ないよ。もうたくさんだよ」という子どもの心の合図です。親がそれに気づかず、あくまでも自分の立てた子育てプログラムを変えようとせず、子どもに押しつけようとすると、子どもはすっかりやる気をなくしてしまいます。

反対に子どものしたい気持ちをどんどん伸ばしてあげれば、積極的に育っていくのです。

✉お母さんのお便り②　子どもと接するのが楽しくなった

ご指導ありがとうございます。この頃は私も子どもと接することが楽しくなり、子どもの気持ちを考えてあげることができるようになりました。するとすると不思議なもので、子どもが私の言うことをよく聞いてくれるようになりました。これまでは何をするのものろく、積極性はなく、「早く、早く」とせきたてていましたが、子どもをあるがままに認めることを学び、〝何が何でも〟という焦りの気持ちが消え、子どものすることをゆったりとした気分で見守る気持ちになると、子どもの動きが速くなってきました。

先生がいつもおっしゃっている「親が変われば子も変わる」という言葉、まったくその通りでした。子どもに教えなくてはという考えで子どもに接してきたため、私の態度が何かにつけて厳しかったようです。

考え方を一変して〝できなくて当たり前〟と思えたとたん肩の力が抜け、子どもに対して叱らず、ほめ言葉も増え、「早くしなさい」という言葉も自然消滅してしまいました。

私の考え方を変えて数週間後、子どもが突然今まで嫌いでやらないと言っていたバイオリンを練習したいと言いだしたり、勉強をすすんでするようになったり、考えられない変化が出ています。

愛するとは知ること

子どもを愛するためには、子どもの無意識な心の働きを知らなくてはなりません。ところがここがよくわからないので、たいていの親御さんが子どもを扱うのにてこずっていらっしゃるのです。

何よりもいちばん困ったことは、親に子どもを教えなくてはならないという気持ちが強すぎることです。

親は生まれたばかりの赤ちゃんは何も知らないから、すべてについて教えてやらなくてはならないと思っています。ここからすべての間違いが出てきます。

教えようとすることが子育ての中心になってしまうと、子育てに失敗するのです。

子育ての中心は、子どもを愛すること、それには子どもの心の働きを知って、それを満たしてあげることでなくてはいけません。

人間の脳（略図）

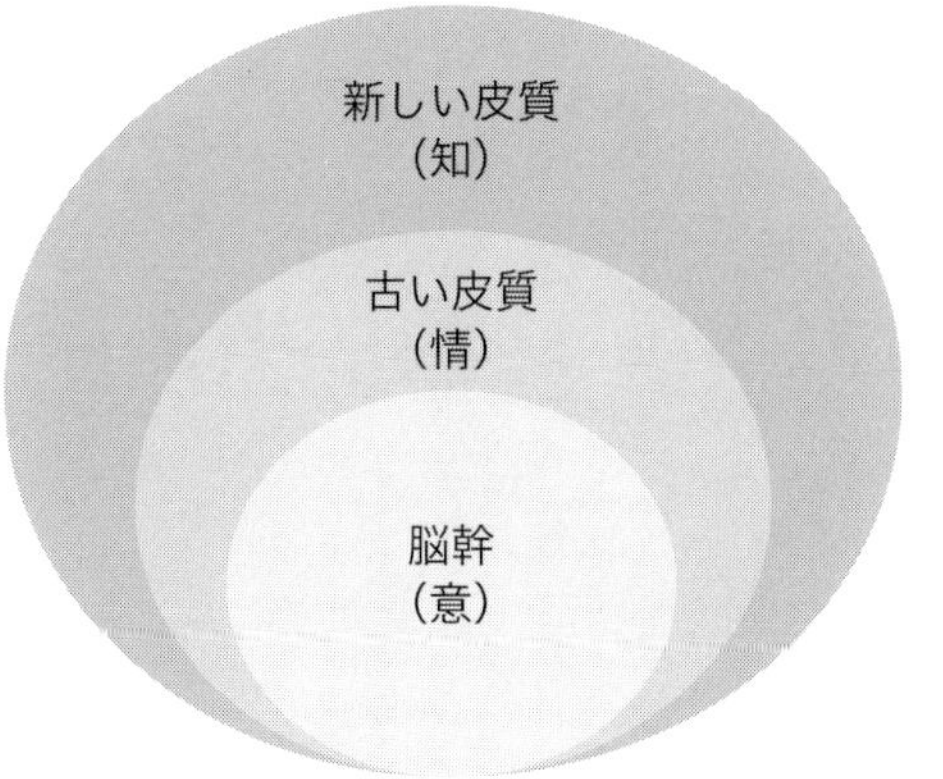

教えることが中心になっている子育てをしている親御さんは、きっと難しい子育てをなさっているはずです。子どもは心を満たされていないので、素直でなかったり、反抗的だったり、やる気がなかったり、泣き虫だったり、たいてい扱いにくく育っているのではないでしょうか。

子育ての基本は子どもの心を育てることです。では子どもの心はどのように育つのでしょう。子どもの心を正しく見るには、子どもの心がどのように成長するのかを知らなくてはなりません。

人間の脳を略図で示してみると、上の図のように3つの部分に分かれます。

この図でわかるように、いちばん下にあ

るのは意（こころ）に関係がある脳幹です。脳の中心は、知の働きと関係ある新皮質にあるのではなく、この脳幹にあるという事実が大切です。

人間としての働きのいちばん根幹になる部分がこの脳幹で、ここをたくましく育てることが何より大切です。外側の知を育てることが中心でなく、脳の根幹である意（こころ）を育てることが中心でなくてはなりません。

子どもをたくましく育てるには、このたくましさの脳である脳幹に着目しなくてはいけません。やる気を大きく育てる教育は、この脳幹教育にあります。したがって子育てには、脳幹の働きを知ることが何より重要です。

子どものやる気をどう育てたらよいだろうかというお便りをよくいただきます。子どものやる気を育てるのは、本当はとても簡単なことなのです。

脳幹の部分の働きとは、集団欲を満たそうとする働きです。人間の本能には、食欲、性欲などがあることが知られていますが、集団欲がすべての本能に先行するいちばん基本の本能です。

子どものこの本能である集団欲を上手に満たしてやりさえすれば、子どもはやる気満々の子どもに育ちます。

集団欲はどうしたら満たされるのでしょうか。集団欲は親に愛されることで満たされるのです。ところが親が子どもを上手に愛するすべを知らないでいるので、ほとんどの子どもは集団欲を満たされないでいるのです。

集団欲はまず親に愛されることによって、親と子の深いつながりができます。これが基本です。親との集団欲ができあがると、子どもの心は安心して他の集団へと向かうことができます。安心してみんなと遊べるようになるのです。

脳幹は実は皮膚と根が同じなのです。胎児で細胞が分裂して脳がつくられる頃、外《がい》胚葉《はいよう》の一部が脳幹をつくり、一部が外に出て皮膚を形づくったのです。だからもともとは一つです。

そこで脳幹の集団欲を満たし、たくましさを育てるには皮膚に働きかければよいことになります。つまりスキンシップが大切なのです。

たいていの親は子どもを充分愛していると思っています。けれどもたいていの子どもは親に充分愛されていないと思っています。

このギャップが子育てを難しくしているのです。

親が子どもに愛を伝えるのに、二つの方法があることを知ってください。二つの方法とは、

①抱きしめること、あるいは愛撫すること。
②子どもの話をよく聞いてあげること。

この二つです。

抱っこと愛撫で脳幹が目覚める

人間の脳の中枢は脳幹にあります。脳幹には、自律神経を調節する視床下部と、ホルモンの分泌を調節する脳下垂体が含まれます。この二つが正常に機能すれば、すべての病気はよくなるといわれているくらい、脳幹にはすばらしい自己治癒力があります。

脳幹には脳のすべての神経が集まっていて、ここが心の発信地、すべての指令の発信地なのです。ここに情報を正しく送り込むことができれば、すべてがよくなります。

脳幹に情報を送り込む方法の一つが、体を愛撫しながら心からの愛情の言葉を伝えることです。これができればすべての子どもが変わります。

たとえ脳機能障害などで意識の働きがほとんどないといわれている子どもでも変わ

りはじめます。

子どもの心を育てるには、親の愛情を伝えるのが基本なのです。ここの基本が上手にできていない親御さんがわりとたくさんいらっしゃるようです。

子育てがうまくいかないのはここに原因があることを知らないで、悩んでいる親御さんのなんと多いことでしょう。子どもに愛情を伝えるには、しっかり抱っこ、愛撫をして、愛情の言葉を伝えてあげてください。

たっぷりと抱っこすることで愛情を伝え、子どもの心を開き、親と子の信頼関係を築く方法を「抱っこ法」といいます。子育てがうまくいっていないと思っていらっしゃるすべての親御さんに、この抱っこ法を試みてくださることをおすすめします。子育てがうまくいっているという親御さんにもおすすめしたい方法です。

子どもの話を充分聞こう

子どもに愛情を伝えるもう一つの方法は、子どもの話をよく聞いてあげることです。普通、親は子どもによく話しかけることを心がけ、その反対の子どもの話をよく聞くことにはあまり関心を向けません。

ところが子育てに大切なのは、子どもの話をよく聞いてあげることなのです。親が一方的に話しかけて育てるやり方では、子どもの心はつかめません。親が一方的に話しかける仕方で子育てをすると、子どもの心は満たされず、充分愛されているとは感じないものです。

反対に子どもの言うことをよく聞いてやり、子どもの心の動きをわかってやってこそ、子どもは自分が理解され、認められ、愛されていると思うものなのです。

たいていの親は、１日の子どもにかける言葉の70パーセントが叱る言葉で、残りの

30パーセントが普通の言葉とほめ言葉といわれます。

なかには子どもを全然ほめない親御さんもいます。

子どもを叱って育てると、子どもの言い分をよく聞いてあげることができません。子どもは叱られると心を閉ざしてしまうものです。

親が叱るのをやめ、子どもを認め、ほめることを覚えると、子どもは心を開いて親に語りかけはじめます。このときに充分子どもの気持ちを聞いてあげましょう。

このときぜひ「山びこ法」で子どもの言葉を引きだすようにしてください。普通、親が子どもにかける言葉は「～しなさい」のように、たいてい指示語になっています。この指示語をやめて非指示法の山びこ法を使ってくださるとよいのです。

山びこ法は、次のようにします。

子どもが何かを言ってきたら、「何よ。そんなことぐらい、がまんしなさい」のようにピシャッと頭から抑えてしまわずに、子どもの身になって、子どもの気持ちを理解しようとするのです。次のように対話を運びます。

「ママ、お兄ちゃんが悪いの」
「そう。お兄ちゃんが悪いのね。お兄ちゃんが何をしたの？」
「お兄ちゃんが私をたたいたの」
「あら。お兄ちゃんがあなたをたたいたのね。どうしてたたいたの？」

このように相手の言葉をそのまま山びこのように返しながら問答をしていくのです。これはカウンセリング法の一つにもあり、これが子どもとの対話に非常に効果が上がる方法にもなるのです。

このように子どもに応じてあげると、今まであまり対話のできなかった親子の間に対話が成り立ちます。子どもの気持ちを受け入れてあげるので、子どもが心を開いてどんどん語り続けてくれます。

山びこ法で対話をする習慣にすると、子どもがきちんと自分の気持ちを言う習慣がつきます。日常こうして親子で対話をする習慣をつけておけば、子どもはいつでも自分の気持ちをはっきり順序立てて話せるようになっていきます。

✉ お母さんのお便り③ 「山びこ法」で母子の絆が深まった

今回の講演の中で、子どもの言い分を聞いてやるには「山びこ法」が大切である、というのがいちばん心にしみた言葉でした。

このところ口数が少なく、行動が遅く、なかなかはきはきしない娘の扱いに困っていました。学校であった事柄など、聞きたくてもはきはき言わず、少し注意するとじっと黙ってしまう性格には、どうしたものかと困っていました。

帰ってさっそく「山びこ法」なるものを実行してみました。

するとどうでしょう。私自身の心がパーッと広くなって、ゆっくりポツンポツンと出てくる娘の言葉を受け止めることができるのです。そのときハッとしました。今まで何も言ってくれないと思っていたのは、実はそうではなくて、私自身に子どもの言葉を一つひとつ受け止めてやるゆとり……、ゆっくりゆっくり出てくる言葉を待ってやるゆとりがなかったのだとわかりました。

「山びこ法」をすると、子どもの言葉を繰り返し言っている間に、子どもの口から次の言葉が出てきます。これでイライラせずに聞いてやることができるのです。

「山びこ法」……これは私たち親子にとって、親と子を結びつけてくれる救いの方法でした。おかげで親と子の絆《きずな》が深まりました。

どうもありがとうございました。

親御さんの子どもに対する見方が変わり、子どものできる・できないよりも、子どもの心を見ることを学んでくださると、親御さんの肩の緊張がとれ、ホッとリラックスなさいます。すると、親御さんの顔にほほえみが戻ってきます。わが子のことをどの子にも負けない、かけがえのない愛しい子だと見られるようになります。

そうしてお子さんに無償の愛を伝えてくださると、子どもがたちまち素敵な子どもに一変してしまいます。できない、できないと思っていたことが、サッとできて、自分の心がわが子の心を閉ざしていたのだと気づかされます。

子育てが難しい、自分の子育ては失敗だと思っている親御さん。見方を変えてみてください。

親が子どもの見方を変え、お子さんを抱きしめて「○○ちゃんがいるだけでママは幸せよ。○○ちゃんが何をしても、失敗しても、ママとパパはいつも○○ちゃんの味方よ。ママとパパは○○ちゃんを心から愛しているよ」とお子さんを100パーセント受け入れる言葉をささやいてくださると、お子さんが一変してしまいます。

第2章

「厳しさ」を必要とする子どもたち

～真の「厳しさ」が心を育てる～

しつけの根本、意志の教育

子どものしつけを考える上で、第一に考えなければならないことは意志の教育、すなわち子どもを意志の強い子に育てるということです。

ところで意志が強いということは、自己中心でわがままということではありません。逆に己の欲望や、感情に打ち勝つ力を持つことが、意志が強いということです。子どもの個性を伸ばし、創造性豊かな人間に育てるには、苦しみに耐え、欲求不満に打ち勝つ子どもに育てることを考えねばなりません。意志の弱い子は個性を伸ばすことができません。

そのような意志の強さ、耐える習慣は、子どもが3歳になるまでにほとんど身についてしまいます。3歳を過ぎて、聞きわける力がついてからしつけを始める、では遅いのです。このときまでにできあがった性格は、もう非常に変えにくいものになっています。

何も知らない3歳までの間に、いけないことはいけないと教えてやるしつけを考えることが大切です。

大きくなって子どもが非行に走る原因の一つは、忍耐力の欠乏、すなわち自分の感情や気持ちを抑える意志の力が育っていないことです。がまんする力がないために非行化するのです。

非行化は、実は赤ちゃん時代に子どもを甘やかすことから始まっています。外国人が日本に来て、日本の小さな赤ちゃんを見たとき、「日本は赤ちゃんと老人に、最大のわがままと自由が許されている。日本は実に赤ちゃん天国の国だ」といわれた時代があったほどです。

外国人は赤ちゃんのときこそ厳しくしつけるので、日本の母親が赤ちゃんに甘いしつけをすることが、非常に奇異に映るらしいのです。

『菊と刀』（講談社学術文庫）という本の中で、ルース・ベネディクトという著者は、日本とアメリカでは厳格曲線（63ページ参照）が逆だと述べています。

日本では赤ちゃんのときにわがままを許し、甘やかして育てておいて、大きくなるにつれて次第に厳しくしようとするが、アメリカでは赤ちゃんのときにこそ厳しく、次第にそれをゆるめていくと言っています。

厳格曲線は0歳のときにもっとも厳しく、3歳になると少しゆるめ、6歳になってもう少しゆるめ、9歳になればもっとゆるめ、以後は親子話し合いの指導にもっていけばよいのです。

0歳のときにもっとも厳しくというのは、具体的にどういうことでしょうか。赤ん坊が泣くと、親は何をおいても飛んで行って、赤ん坊をすぐ抱き上げます。これでは待つ、がまんするといういちばん大切なことがしつけられません。

赤ん坊が泣くのは、むしろ呼吸の訓練になると考えて、あわてて飛んで行かず、赤ん坊を充分泣かせたあと顔を出して、いきなり手をかけず、顔と顔を合わせて「どうしたの。お腹がすいたの?」、あるいは「おむつが汚れて気持ちが悪いの?」などと声をかけ、泣きやんだら手をかけるという習慣をつくるとよいのです。

すると赤ん坊に待つ、がまんするという習慣がこの頃から身につきます。自分が泣くと、やがて落ち着いた親の足音が聞こえ、戸を開ける音がして親が顔を出し、にっこり自分を見て笑ってくれる。それから顔と顔を合わせてやさしい声で語りかけてく

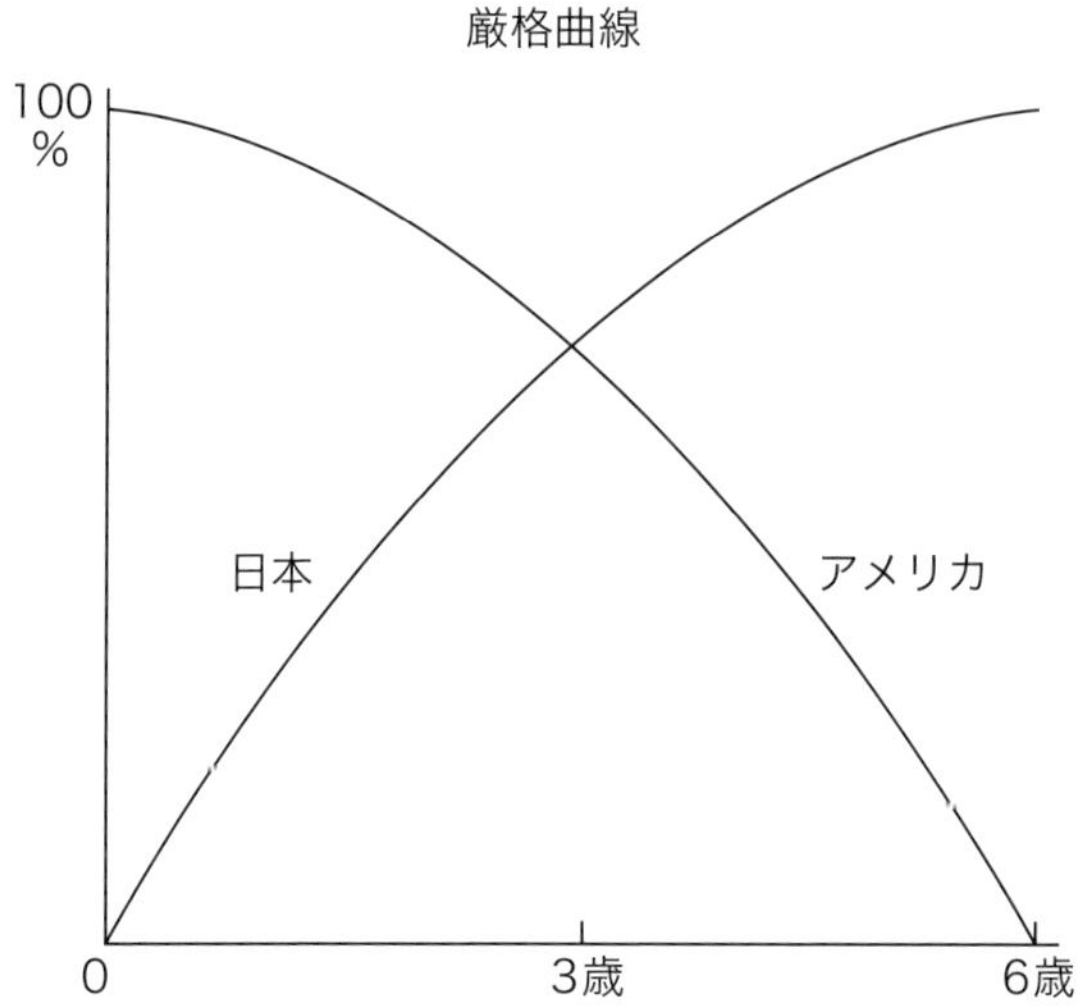

れ、自分が泣きやむと抱いてくれる。こういう流れが記憶でき、待つことが苦痛でなくなります。このように、待つことをこの頃から習慣づけるとよいのです。

子どもが何かを買ってほしいと言ったとき、もしそれがダメな場合は、いくらひっくり返って泣き叫んでも、「ダメなものはダメ」と譲らない厳しさが親に必要です。

小さな頃からちょっとしたことを待つ、がまんするという習慣がついていれば、このような場面を演じる子どもは育たないものです。

子どもの望むままに育てることは、決して子どもの意志を自由にのびのび育てる結果にはなりません。それは子どもをわがま

まに育てるのです。

子どもを甘やかし、がまんを教えないと、子どもの欲求は次第にふくれ上がって、抑えることを知らなくなります。

子どもの欲求不満はがまんさせられることから始まるのではなく、実はがまんを教えられなかったことから始まるのです。欲求不満は与えられないことから生じるのではなく、反対に与えすぎることから起こることを知らなくてはいけません。がまんを知っている子どもには欲求不満はないのです。

フランスでは中流家庭から非行少年がほとんど出ないといわれます。小さいときから厳しくがまんをしつけているので、子どもたちは自分の欲望を抑えることを知っており、欲求不満を抱え込まないからです。

がまんのしつけが大切

幼児期でいちばん大切なしつけは、待つしつけ、がまんのしつけです。これは赤ちゃんにお乳を飲ませることから始まります。赤ちゃんに充分泣かせて、泣きやんだのち飲ませるというのが、待つしつけ、がまんのしつけの始まりです。

赤ちゃんの運動でいちばん大切なことは、力いっぱい泣くことです。それによって深い呼吸が身につく、とマーガレット・Ａ・リップルという学者が言っています。彼女は赤ん坊と呼吸の問題について研究した学者です。

赤ちゃんは普通浅い呼吸をしています。赤ん坊が力強く泣けば、横隔膜が鍛えられます。同時に腹膜も鍛えられ、胃腸やその他の内臓諸器官も充分発達します。よく泣くほど呼吸が深くなり、内臓諸器官の発達もよくなるというわけです。

泣けばすぐ乳を飲ませると、待つ習慣、がまんする習慣が身につきません。人生の最初のしつけのチャンスをここで捨ててしまいます。

しつけのいちばん大切な項目は、がまんをしつけるということです。しつけの根本は意志の教育だと書きましたが、意志が強いという場合の意志とは、自分の感情や欲望を支配する強い意志力を持っているということです。決してわがまま勝手に、したいことをするということではありません。

ところが、世間ではこのしつけを間違えてとらえていることがよくあるように思います。それは「子どもの意志を尊重して、子どものしたいようにさせています」という言葉に表われています。

したくないときはしなくてもよい、というのを自由主義とはき違えているのです。したくなくても、せねばならないときは自分のわがままな気持ちに打ち勝ってするというのが本当の自由主義です。

自由主義の基本は、徹頭徹尾ルールを守るということにあるのです。嫌ならしなくてもよいというのは封建時代の殿様教育です。わがまま勝手な、ダメな殿様がこうして育ちます。

しつけの基本問題は、ここをきちんとすることにあります。

意志という問題について少し考えてみましょう。人間と動物ではどこが違うでしょうか。外部から刺激を受けると反応する、というところまでは同じです。刺激に対する反応を心理学では行動といいます。刺激から行動が出るまでの過程が人間と動物では違います。

動物では外部からの刺激があると、それを感知し、逃げる、攻撃する、捕って食べたいなどの衝動が起きます。動物はこの衝動に従って行動します。

人間では外からの刺激を認知すると、そこから感情が起こり、感情から欲望が起こるところまでは動物と同じです。しかしそこから判断が起こり、先が二つに分かれるところが動物と違います。

判断が起こると、それをするのは正しい、正しくない、これは得する、損するなどと考えます。これが理性です。人間は理性によって判断するところが動物と違います。判断には良心が添っています。良心がそれは悪いことだからするな、人のものだから勝手にとるなと指示を出します。

そこで人間の行動を決定するのは意志なのです。この意志が両方の言い分を聞きます。そして良心の側から判断するのです。一方、感情、欲望のほうからもこうしたいという気持ちが出てきます。そこで欲望と良心の命令の板ばさみになって、心が迷うことになります。

だから人間は意志に従って行動する勇気が必要になってきます。かなり強い意志が必要です。

人間の意志は、感情や欲望に打ち勝って良心の指図に従うか、それとも良心を眠らせて欲望に従うかという境目に立って、自分で責任を持って決定しなければならなくなります。これが自由意志という場合の自由で、自由には自分で責任を負うことが含まれているのです。そこが自由と放縦《ほうじゅう》（わがまま勝手）の違うところです。放縦は人に迷惑をかけても平気で、責任をとりません。

子どもを厳しく育てるという厳格教育の中心は、判断、良心、意志の3つをよく育てることにあります。正しい判断があって、美しい良心の指示があって、感情や欲望を支配するだけの強い意志がそろったときに、人間教育が立派にできたことになります。

つらいのをがまんしてやり抜く意志を育てることが、人を成功に導きます。わがまま、がまんができないは、その反対の道に向かうのです。

間違った厳しさ

小さいときに厳しく育てることが大切といっても、間違った厳しさはかえって子どもの発達をおかしくします。

親は自分の望むことを子どもが進んでするようにしつけようと思います。しつけが大切、厳しくしつけなければいけないというとき、親の心に潜在的に働いているのはこの願望です。

この厳しさは間違った厳しさであることに気づいてくださらなくてはいけません。

これは大人の気に入った型の子どもに仕立てるという気持ちが濃厚です。大人の意図に従わないとき、禁止、叱責、罰が下されます。

目指す子ども像は何でしょう。自ら考え、自主的に判断し、行動し、意志強く目的達成のために努力する。こういう子どもを育てることにあるのではないでしょうか。

それなら、叱って育てることと厳しく育てることと勘違いをしていてはダメです。これからの子育てでは、何よりも新しい時代に役立つ子どもを育てようという目的意識を持って、子育てをしなくてはなりません。

では新しい時代に役立つよい子というのは、どのような像でしょうか。

私たち親がよい子という場合、両親の言うことをよく聞く子、先生の言うことをよく聞く子というように、大人にとって都合のいい子をよい子だと考える傾向がありま す。

ところがこのような子どもはむしろ問題のある子どもで、要注意なのです。このような子どもは、毎日おとなしく問題を起こさずに育ったとしても、自己主張がなく、社会の役に立つ貢献ができない人間に育つおそれがあるのです。

中学生、高校生になって家庭内暴力をふるう子どもたちがいます。この子たちの小さい頃を調べてみると、両親の言うことをよく聞いて、いい子だったという例が非常に多いのです。

小さい頃いい子であまり自己主張をすることがなかったから、大きくなり、体力もつき、親の権威が薄くなった頃に、突如として家庭内暴力という形で自己主張が始まるといわれるのです。

だから、小さな頃の反抗は喜ばなくてはいけません。子どもの反抗期があるというのは、子どもの成長にとって、とても大きなプラスの意味を持つものなのです。

子どもの反抗の効用を書いてみます。

①子どもが親と違う自分自身の考えを持つように成長した。

②自分の考えを、態度や言葉で表すことができるようになった。

③いくら叱られても、嫌なことは嫌、違うことは違うと堂々と発表する勇気を持つようになった。

このように子どもの側に3段階の進歩があり、自分の気持ちを主張することができるようになった結果、欲求不満を心の中に溜め込まずに済ませることができるのです。

大人の考えたことに子どもが疑問を持ち、それを素直に発表することは、人間の進歩につながります。子どもが口答えしない、反抗をしないというのは、むしろ困った姿で、子どもの何でもかんでもが抑えられたなら、人間の進歩はなくなってしまいます。

そこで口答えや反抗を、むやみにたたいたり、叱ったりしてはいけません。子どもの言い分を充分に聞いてやらなくてはいけないのです。するとそれは子どもの発表の能力を育て、一方大人を賢くするのです。

親が子どもに厳しくするというのは、大きくなって子どもが自立できるようにするためです。それには次のような点で厳しくすればよいのです。

①がまんできる子に育てる。自分の感情のままに走らず、自分をセーブできる子に育てる。

②社会のルールがわかる子に育てる。人を傷つけること、人に迷惑をかけることをいけないとわかる子に育てる。

③自分の行動に責任を持つことができる子どもに育てる。

④目標に向かって根気よく粘る子どもに育てる。

親が自分自身に厳しくすること

子育て三種の神器の３つの項目、「愛と厳しさと信頼」は、子どもに求められるテストではなく、親に求められるテストです。ここでいわれる厳しさとは、親が自分自身に問われる厳しさです。

たとえば、ほしいと泣いても、ダメなものはダメとがまんさせる厳しさというのは、子どもに厳しさを求めているのではなく、親が自分に求められているのだと理解すればわかりやすいでしょう。親はつい子どもが泣くのに負けてしまいますが、それは自分に厳しさが足りないということです。

子どもを自分の感情で叱ってはいけないと思っても、つい叱ってしまうというのも、親が自分自身に厳しさが足りないということになります。

親のほうに厳しさということについての正しい理解が必要です。私は子どもを厳しく育てています、という場合、実はそれが本当の厳しさではないことが多いのです。口数が多く、子どもに厳しく注意して育てるのは、それは本当の厳しさではありません。それは実は言葉の過保護になるのです。親が口やかましくしすぎると、それは子どもの自立心を奪います。親の言う通りにしていれば楽なので、自分で考えようとしなくなります。

このタイプの子育ては命令語・否定語・禁止語が多いという子育てになっているので、自分自身の子育てがそうでないかどうか反省してくださるとよいでしょう。

言葉の過保護で子どもへの干渉が多すぎると、子どもは好奇心や感性が乏しくなります。冒険心が乏しく、依頼心が強い子になります。やる気や積極性の乏しい子に育ってしまいます。

実は親が口数が多く、厳しく叱って育てるのが、子育ての最大のボトルネックなのです。親が口やかましく小言が多いと、子どもが怒りっぽく育ちます。すぐかんしゃくを起こし、キーッという声を発します。大きい子では怒りを内に溜めて、外に出たとき、それをよその子に発散します。

小言の多い親は子どものすることをいちいち制限しがちです。子どもはそのためま

っすぐ、すくすくと育つことができず、不満の塊となり、親に反抗し、強情になり、親がしつけようと思って小言を言うほど、親の言う反対のことをするようになります。

子どもが生後10カ月に達すると、この時期は道具発見の時期、探索行動の時期といわれます。この時期の子どものすることは実験をし、勉強をしている姿なのです。それを、あれはいけない、これはいけないと厳しく禁止すると、非常に反抗心の強い子どもを育ててしまいます。

怒りっぽい子ども、反抗的な子どもは、ここから始まることが多いのです。

満２歳前後になると、子どもに自立心が

育ちます。すると今までは素直に親の言うことを聞いていた子が、急に自分を主張しはじめ、親の言うことに何でも「いや」と言いはじめます。これは成長のいち過程なのです。

この時期に親がいけないことはいけないとわからせるように育てようと思って、きつく叱ると、これがまた子どもを反抗的にし、強情にします。

子どもは成長の節々で、いろいろな変化を見せて育っていきます。その時期その時期を、親が今はそのような時期なのだと心得て、子どものすることを温かく見守って育てれば大過なく過ごせるのに、親がカッカしてしまうと子どもがゆがみます。

✉お母さんのお便り④　命令口調をやめたら反抗が和らいだ

先月の質問で、子どもが反抗的なので困っていますと相談しましたところ、「お母さんが命令語・否定語・禁止語で口やかましくしておられませんか？　それをやめて、子どもをそのまま受け入れ、むしろ子どもに命令するのでなく頼むようにするとよいのですよ」と教えていただき、さっそくその日から心がけましたところ、1週間で反抗的なのが和らぎ、また1週間後には子どもがのびのびしはじめました。

まだ時々反抗的になったり、弟をいじめたりしますが、私が今までと違って子どもを落ち着いて見ることができるようになりました。おかげでよい親子関係を持つことができるようになりました。

これからはもう少し子どもの心を開くように心がけたいと思っています。

本当にありがとうございました。


親はなかなか子どもに対する自分の接し方を変えられないものです。そこを厳しく、自分を変えることに努めてください。親が変わると、子どもも変わります。

子どもの根性を育てる

子どもが大きくなって生きていく上でいちばん大切なのは何でしょうか？　それは知識ではなくて、逆境にへこたれない強い性格です。

性格が強くなければ、人生で難しい局面に直面したとき、挫折し、時にはそこから立ち上がれず、自殺さえ考えてしまうかもしれません。それよりも平生、人生での難しい局面に遭遇しないよう、安易な道を選ぶでしょう。

それでは大事を為し遂げることはできません。自分から難しさに向かっていく勇気を、子どものうちに育ててやらなければなりません。

イギリスの貴族たちが、子どもたちに教える二つの大切なことがあります。一つは楽天的であれ、もう一つは勇敢であれというものです。

この二つがイギリスの貴族に要求されている大切な資質なのです。この二つの教えは、子どもに逆境を乗り越えさせる大切な教えといえます。

ではこの二つの資質をどのようにしたら子どもに与えることができるでしょう。そのためには、子どもに自分を高く評価できること、好ましい自我像を創り上げさせることが大切です。

そのためには、自分の子どもを「悪い子」「困った子」などといって叱って育ててはいけません。

隣の親に子どものいる前で、「うちの子はいたずらっ子で、少しも言うことを聞かないので困ってしまいます」などと子どもを否定するようなことを言って、子どもに自分はそういう人間だと思い込ませてはいけません。

子どもが自我像を描くのは、親が自分に対して言う言葉によってなのです。

子どもがよい自我像を創り上げる四つの要因があります。

一つめは両親に愛されている、両親が心から自分のことを思ってくれていると子どもが感じることです。親がいつも子どもを叱り、否定的な言葉を吐いていると、自分は両親の期待に値しない子だと思い込んでしまいます。

二つめは能力が高いことです。子どもは自分が何ができるかを目安に自分を評価します。そこでいろいろな面で子どもの能力を高めてやらなくてはなりません。

そのとき、子どもを見る基準が厳しすぎると、子どもの勇気をくじいてしまいます。できなくて当たり前、それが、一つできてすごい。もう一つできてすごいと、いつもプラスの評価をしてあげるようにすると、子どもの能力は高く育っていきます。

三つめは道徳面で一定のレベルに達していることです。社会的にきちんと責任がとれるレベルに達するように、道徳観、責任感を厳しく身につけて育てておかなくてはなりません。

四つめは影響力のある子に育てることです。自分の存在が周りによい影響を与えていると感じられるように育てることです。自分が他の人々の人生には何の影響もない、つまらない人間だと感じさせれば、子どもは消極的な、無気力な人間に育ってしまいます。

子どもが自分の存在に自信が持てるように育つには、両親がその子にきちんと愛情を伝えていることが必要です。

子どもがよい自我像を持つように、この四つの条件を満たすような子育てをしてあげなくてはなりません。

そのためには両親がしっかり舵《かじ》を握り、必要なしつけは厳しくきちんと行い、実現可能な高い目標にチャレンジさせる意志と勇気を、子どもに与えなくてはいけません。神経質な親は完全主義で臨み、子どもの小さな失敗を咎《とが》め立て、神経質で自己嫌悪する子どもを育ててしまいます。のびのびと幅広い経験を与え、子どもの能力を大切に育てた親は、自信にあふれた能力のある子どもを育てます。

そのようなよい自我像を持った子どもとは、「くじけずにやったぞ！」「ぼくはできた！」といった感激を知っている子どもです。つまり根性のある子どもです。

このように子どもを育てる親の務めは、親が子育てにいい加減でないこと、厳しく親としてのするべきことを為し遂げることです。

親のするべきことは、子どもが対人関係のコツを学ぶのに協力することです。そのためには、子どもが清潔であること、マナーがよいこと、能力があること、言語能力が高いこと、戸外での経験を積み重ねることや、思いやりがあり、友情の豊かな子どもに育てることなどが大切です。

子どもが問題を抱えていても、辛抱強く、しっかりした自我像が持てるように、気長に徹底的につき合ってあげることが大切です。

叱らなくても厳しいしつけができる

このように見てくると、厳しいしつけとは叱ることではないことが見えてきたのではないでしょうか。しつけとは実際、厳しく小言を言うこと、叱ることではないのです。

しつけとは子どもの意志を育てること、それにはがまんと勇気を育てることが大切なことなどを学んできました。この意志を育てること、がまんと勇気を育てることに小言はいらないのです。それはむしろ子どもの勇気をくじき、やる気を失わせます。子どもは本来何でもしたがり、学びたがるものです。それを上手に導いていけば、常に学びたいという欲望に燃えた学習タイプの、子育ての楽な子どもが育ちます。

赤ちゃんが何かをすると両親は手をたたいて喜びます。赤ちゃんは両親の喜ぶ姿を見て、すっかり満足です。赤ちゃんはこのとき、安心感と勇気を得ます。

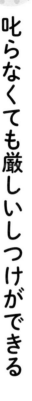

赤ちゃんが何かを求め、新しい行動に挑戦するのは、親の喜びに触れるからです。ところが赤ちゃんがはいはいを覚え、家の中を這い回り、手当たり次第に何でも手を出すようになると、親はにわかに恐い顔をして、「ダメ！」「いけません！」と禁止の言葉をかけるようになります。

それは赤ちゃんを大変不安にします。また、学ぼうとする意欲に水をさすことになります。これらの親の厳しい咎めによって、赤ちゃんは安心感を失っていきます。すると集中できない子、学習できない子に育っていくのです。

親が赤ちゃんにかける言葉、親が口で描いてみせる人間像を、赤ちゃんは自分の本来の姿だと信じて、自分の人格を築いていきます。赤ちゃんは親の言葉で自分を発見していくのです。

赤ちゃんのする一つひとつの行動はすべて学習です。その学習する子どもに、イエス、ノーと判断基準を与えて、勇気を与えるのが親なのです。親が何気なく赤ちゃんに発している言葉が、赤ちゃんの社会に対する適応能力を育てているのです。

親が子どもに「ダメ！」「いけません！」を連発して育てることは、教育でなく、抑圧行動です。それらの言葉は子どもの学ぼうとする気持ち、やろうとする気持ちを失わせ、満たされない気持ちから、子どもを反抗的にしていきます。

太陽の暖かい光を欲している新しい芽が、ガミガミいう真冬の厳しい風にさらされて成長を止め、ねじ曲がっていくのです。やろうとするすべてにブレーキをかけられるので、やろうとする気をも失っていきます。

親の役割は子どもに自信を与えることでなくてはいけません。子どものすることを命令、否定、禁止で育てるのではなく、温かく見守ってあげて、上手にほめてあげて、安心感を与えてくださるのが親の役割です。

厳しいしつけとは、子どもにそうして自分自身に対するよい自我像を与え、自信を育てて、子どもの強い意志力、へこたれない根性、最後までやり抜く粘りなどを根気よく育てることにあるのです。

親は子どもをよくしたいと思うあまり、まったく効果のない、むしろ逆効果のある言葉を不用意に使っています。「ダメね」「早くしなさい」「いけません」などなど。これらは子どもの勇気をくじく言葉です。このような言葉を吐くと、子どもはうまく育っていきません。しつけが大変難しくなります。子どもをうまく育てるには、この逆をやりましょう。子どもの本性を信じて、明るい言葉、子どもに勇気を与える言葉を与え続け、子どもに努力する根性を植えつけてやるとよいのです。

Ｋさん夫妻には大変不器用な男の子がいました。何をするのも鈍く、スポーツも勉強も人より遅れていました。けれども夫妻は決して子どもにそれを言わないようにし、逆に「お前はよくやる」といつも言っていました。

男の子は小学校に入って野球のチームに入りましたが、鈍いのでいつも補欠でした。両親はそれでもこの子を励まし続けたので、いつも練習場には一番に行き、あと片づけは最後までやりました。

それでもレギュラーにはなれなかったので、男の子は嘆き、時にはやる気を失いそうでした。両親はそんな彼を元気づけ、「きみはとてもよくやっているんだよ。きみは上手なんだけれど、他の人たちがもう少し上手なのでレギュラーになれないだけなのだよ。がんばり続ければきっとレギュラーになれるよ」と言い続けました。

少年はがんばり続け、中学校に入ったときにとうとうレギュラーになり、ホームランを打つこともありました。彼は大変運動能力のある選手に成長しました。

学科でも中学校入学時は５００人中80番だったのに、両親が勇気づけたので、二学期にはなんと一番になりました。

どういう叱り方をするか

わがままに育てることがいけない、しつけで何より大切なことはがまんを教えることだとわかりました。いけないことはいけないとわかり、したくてもしないという感情のコントロールを教えることが大切なのです。

子どもにしたい通りにさせて、わがまま放題に育てないようにしましょう。わがままな子どもを育てることは、わざわざ人生の敗残者にするような子育てをしていることになります。

社会に出て大切なことは、ルールにきちんと従えるという習慣が身についていることです。それが身についていないと、周りの人に迷惑をかけることになります。

社会のルールがわかるようにするには、まず家の中できちんとルールをつくり、そのルールを守らせることで、自由と責任が育ちます。

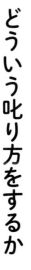

自由というのは、自分の自由だけではいけません。人の自由がわからないといけないのです。人に迷惑をかける自由では困ります。

子どもも加えてわが家のルールづくり、わが家の憲法づくりをしましょう。国を治めるのに憲法があるように、都市を治めるには都市条例があります。わが家をうまく治めるにも、わが家の憲法があると、子育てはとてもうまくいきます。

わが家の憲法では、次の3つを折り込んでおけば充分です。

①人を傷つけてはいけない。
②人に迷惑をかけない。
③自分でしなくてはならないことはきちんと責任を持ってする。

ほめる教育にとらわれて、叱ってはいけないと思い込んでしまわれる親御さんがいらっしゃいます。子どもが何をしても、人に迷惑をかけていても、笑って見ているだけ。これではいけません。

社会はルールで成り立っています。自分勝手で、何をしても責任がなく、他人にばかり責任があると思い込むような子どもを育てることがないよう、まず家の中のルールからしっかり守る習慣づけをしましょう。

そして、その決まりに反したときは、きつく叱るという約束をするとよいのです。子どもがルール違反をしたときは、まずそれがルール違反であり、いけないということを教えます。それでもわからないときは叱るとよいのです。いえ、叱らなくてはならないのです。

叱り方にもコツがあります。それを心得て叱りましょう。

①叱る時間は1分以内。それ以上やかましく言うと逆効果になる。
②そのことだけを叱り、昨日のこと、1週間前のことなども持ち出して叱らない。
③子どもの人格を叱らないで、子どもがした間違った行為を叱る。

以上のことについて、子どもとわが家の憲法づくりのときに約束をしておくとよいのです。すると快適な〝わが家〟ができ上がります。

親が感情に任せて叱ることもなくなり、何を叱ればよいか基準がはっきりしているので、無用な親子の摩擦がなくなります。

子どもはいけないことをしたときに、叱られるという体験が必要です。叱られたことのない子どもは、叱られることに耐性がなく、社会に出てひどく傷つきます。そして上司に叱られるとすぐ挫折してしまうストレスに弱い大人に育ってしまいます。

自分の悪かったことは、素直に悪かったと反省できる子どもに育てておかなくてはいけません。それができなくてストレスを溜め込んでしまうストレス症候群の若者が多く育っているといいます。
叱ったあとで、忘れてはいけないことがあります。それは決して叱りっ放しにせず、子どもが謝ったあと、あるいは反省したあとには、謝れたこと、反省できたことを心からほめてあげるということです。

✉お母さんのお便り⑤　わが家のルールを決め、母子ともに穏やかになった

先日は中国地区大会に参加させていただいて本当にありがとうございました。先生のお話や、お母さま方の体験談が本当に勉強になりました。

私自身、とにかく子どもをしつけなくてはという思いで叱りつけてきたのですが、それがまったくの間違いだったということをつくづく思い知らされました。

とにかく、感情に任せて叱ることをやめ、子どもに今までのことを謝りました。そしてわが家のルールを決め、叱るときには叱ると、本当に自分の中に線を引いたように使いわけができるようになりました。すると、家の中が本当に快適になりました。母と子が穏やかに過ごせるようになりました。

こんな叱り方をしていませんか？

子育てはほとんど叱らないでできるものです。叱る必要があるのは「人を傷つけたとき」「人に迷惑をかけたとき」「無責任な言動を行ったとき」でいいのです。

普通、親は叱らなくてもよいときに子どもをきつく叱って、そのために子育てを難しくしているように思います。子どものしたことが子どもの心を悪くするかどうか、ちょっと考えてみてください。それを叱る必要があるかどうかの判断基準にしてくださるとよいでしょう。

はいはいを覚えた赤ちゃんが、鏡台の引き出しを引っぱりだして、中のものをぽんぽん外へ投げ捨てたり、テーブルクロスを引いて、上に載っているものをガチャンと下に落とし、割ってしまったりすることがあります。

乗ったらいけませんと言っているのに、わざとテーブルに這い上がってニヤッと笑ったり、家の中で走ってはいけませんと言っているのに、やかましくドタドタと部屋を走り回ったりすることがあります。いくら言っても靴を左右反対に履いたりします。

これらはみんな童業《わらべわざ》と言います。童業とは成長の段階で子どもの姿として、ごく自然に見られることで、その時期を過ぎれば子どもが自然にしなくなる業を言います。

1〜2歳の子どものすることは、すべて実験行動・探索行動と考えてくださるとよいのです。それらの行動を通して、子どもは自然に学んでいるのです。必要な学びをしているととってくださるとよいのです。

ところが、それらを「いけません」と禁止して、その禁止に従わないものだから、親はその子どもを悪いと見ます。

これらはその時期が過ぎれば自然にしなくなる童業なのです。そして童業は叱る必要のないものです。小さな子どもが叱られても家の中を走り回るのは自然なことです。それは建設中の工事現場が賑《にぎ》やかなのと同じことです。工事が終わると静かになります。子どもも、もう少し成長すると静かになります。

子どもが服を泥んこにして帰ったり、お手伝いのとき、誤って皿を落として割ったりしたときにきつく叱っていませんか？

童業は子どもの心を悪くすることではありません。だから叱る必要がないのです。少し注意してあげれば済むことです。

あと片づけがきちんとできないといって叱り、早くしなさいと言っているのに早くしないからといって叱っていませんか？

あと片づけは、年齢に合わせてあと片づけの仕方を叱らずに根気よく教えていきましょう。「小さなものはこの箱に入れるのよ」「黄色のシールがはってあるおもちゃは、黄色のシールがはってある棚に並べるのよ」などと、片づける場所、方法を教えてあげましょう。

初めは一つしか片づけられなくても、一つ片づけたことをほめてやりましょう。すると翌日は二つ片づけられます。それをまたほめてあげると、次の日は三つ片づけられるようになります。

これを叱るとどうでしょう。片づけることを嫌がる子どもしか育たないでしょう。早くしなさいと言うときは、どうして早くしないといけないかの言葉を添えて、命令するよりも依頼するほうがよいのです。遅くすると、それで迷惑をする人が出ることを教えて、早くしてもらいたいときは、なぜ急ぐか理由を説明するとよいのです。
早くしなさいと言って育てると消極的な子を育て、待つことを知って子どもの心が動くような言葉がけをすると、きちんと自分の心で動く積極的な子どもを育てるのです。

子どもの言うまま、思うままに子どもを育ててはいけません。

子どもが間違った行動に走ったとき、親は厳しくそれに対処する気持ちを持っていることが大切です。

何でも子どもの言うままに育ててしまうと、子どもは全然自分を抑えることができない、利己的な子どもに育ってしまいます。

間違ったことに対しては、断固として許さない態度を小さいときに一度見せておけば、子どもは自分を抑えることを学びます。

子どもが思うように言うことを聞いてくれない、親としての指導に自信がない、と逃げていてはダメです。

いけないことをしたときは、断固として許さないことにしましょう。

第3章

親子の「信頼」関係を築く

～子どもの持ち味を大切にする～

しつけを考える前に親子の信頼関係を

子育てを難しくするには子どもの勇気をくじきさえすればよいのです。子どもの勇気をくじいてやれば、どの子もたちまちダメな子になります。

子どもの勇気をくじくのに六つの条件があります。


第一は子どもの長所、才能よりも、短所、欠点に目を向けることです。

第二は途中のプロセスよりも、結果を重視することです。子どもが成熟の途中にあることを考えないで、今の姿を結果として判断してしまうことです。

第三は完全主義で子どもを見ることです。いつも１００点でなければダメと考えることです。

第四はよその子と比べて競争させることです。

第五は勉強で一番になることを何より大切と考えることです。
第六は子どもを受け入れるのに条件をつけることです。

子育てをとても楽にするには、この反対をやればいいのです。

第一は、短所、欠点を見ないで、長所、才能に焦点を当てることです。
第二は、今の姿をできあがった姿と見ない、プロセスと見ることです。
第三は、不完全であることを温かく受け入れることです。
第四は、子どもをよその子と比べないことです。
第五は、学力中心で育てないことです。
第六は、そのまま無条件で子どもを受け入れることです。

子育て三種の神器の三つめの項目「信頼」は、この六つが親にできれば子どもを完全に信頼していることになります。
親は子どもをよく育てたいと思うあまり、つい子どもの能力に目がいきます。そして何かができる、できないで子どもを判断するようになります。

何かができる、できないで子どもを見はじめると、すぐにたとえようもない子育ての泥沼に陥ってしまいます。それは競争原理で子どもを見るようになるからです。

子育ては子どものあるがままを受け入れ、何かできても、できなくても問題ではない。「〇〇ちゃんがそこにいてくれるだけで、ママ、パパは幸せなのよ」と言えることがいちばん大切なのです。

何かができる、できないを問題にするよりも、子どもをうまくしつけたいと考えるよりも、まず何よりも親と子の信頼関係を築くことを心がけましょう。

親と子の信頼関係が築かれると、困っていた問題がすべて解決されます。

広島での講演会のときのことです。一人のお母さまが次のような体験を語ってくださいました。

——今この上なく幸せです。子どもはとても思いやりのある子に育ち、周りの人にとてもやさしい気持ちを示します。このようにやさしい子どもに育ってくれたことがこの上なく嬉しいのです。

でも数カ月前は地獄のようでした。子どもは反抗的で、子育てがとても苦痛でし

た。七田式通信コースでそのことを相談すると、「子どもをそのまま１００点と認め、ほめ、愛してあげることが大事です。子どもを変えようとしないで、お母さまが子どもを見る見方を変え、接する態度を変えてください」と言われました。

初めのうちはそれがなかなかできませんでした。子どもをそのまま１００点と思おうとしても、つい悪いところが目につき、叱ったりたたいたりしました。

するとせっかくよくなりかけた親子の間が元《もと》の木阿弥《もくあみ》でした。子どもを変えようとせず親が変わらなければならないと知っていても、つい親の地が出てしまうのです。

結局４カ月かかりました。この頃になる

といつの間にか子どもを100点と見る見方が身についてしまったようです。子どもを認め、ほめ、愛することが上手にできるようになりました。

するとが一変してしまったのです。結局子どもを反抗的にしていたのは私の子どもに対する見方、接し方だったことに気づきました。

そして最初に申し上げましたように、今わが家はとても幸せです。私がすべてを悪いほうに取らず、よいほうに取るプラス思考が身について、子どもに対してとてもやさしい気持ちになれ、子どもを本当にわが家の宝と思えるようになって、わが家は一変してしまったのです……。

子どものここが悪いあそこが悪い、どう直したらよいかを考える前に、子どもを認め、ほめ、愛してあげましょう。すると最高の親と子の信頼関係を築くことができます。

子どもの短所・欠点を見ない

子どもはどの子も愛されたい、認められたい、ほめられたいという願望を持っています。この気持ちを察し、上手にほめる子育てのできる親御さんは、子育て上手な親御さんです。

子育てを難しく思っている親御さんは、必ず子どもを叱りすぎています。子どもにかける1日の言葉のうち、なんと70パーセントが叱り言葉という親御さんが平均的なのです。

これでは子どもの心は不平や怒りでいっぱいになり、ゆくゆくは反抗的な態度をとるようになるのは自然なことです。

いろいろ注意したい親の気持ちはわかりますが、子どもの欠点にふれてはいけないのです。反対に長所を見つけてほめて育てると長所が伸びて、反対の欠点は消えていくものなのです。

子どもの長所と短所は、実は別々に存在するものではないのです。それは一つのこ
との両面なのです。たとえばコインの裏と表のように。あるいはシーソーの上がって
いるところと下がっているところのように。

長所が大きくなれば、短所は軽くなるのです。

暗い部屋と明るい部屋は別々に存在するように見えますが、暗い部屋に灯りをつけ
ると、明るい部屋になってしまうでしょう。

長所と短所もこれと同じです。長所を伸ばしていけば短所は消えます。

短所は結局影にすぎません。本来ないのです。子どもの本性に本来ないもので、あ
るように見えても長所に光を当てれば消えていきます。

短所、欠点を見るな、長所を伸ばせと言っているのは、完璧な人間などいないので
少々の短所になど目をつぶれと言っているのではありません。

「活動性肥大の法則」というのがあります。生命は、さわったり動かしたりする部分
は発達し、さわらない、動かさない部分は退化するというもので、生物にも経済にも
政治にも通ずる法則です。

親が「ダメ！」「いけません！」を連発すると、子どもはやめるどころか、ますます親のいけないと言うことをやりたがります。

親は子どもの欠点にさわってはいけません。それよりも長所のほうを最大限にさわってやるとよいのです。

子どもの心をすくすくと平和に育てたかったら、毎日の生活の中から「ダメ！」「いけません！」を追放しなくてはいけません。

どの子も必ず欠点もあるかわりに長所を持っています。その小さな長所を見つけて「まあ、なんてやさしい子なの」「まあ、とても上手にできたのね、ママ嬉しいわ」と言葉で認め、ほめてあげるのです。そのときちょっと抱いてあげるとか、体にさわってあげるとかすると、子どもはほめられてとても嬉しいので、その部分をもっと伸ばそうと、もっと努力をするものです。

活動性肥大の法則をうまく使えば、とても上手な子育てができます。

今の姿をできあがった姿と見ない

子どもの今の姿を、もうできあがった姿と思わないようにしましょう。

今、子どもがどんなに困った姿であっても、人間は全面的に自己変革する可能性を持っていることを信じてください。2日、3日で変わらなくても、1週間、2週間と続けてください。子どもはきっと変わります。

子育てに大切なことは、子どもに子ども自身のよいイメージを与えることです。子どもが自分自身に対してよいイメージを持つようになると、子どもは変わります。

子どもの生気がよみがえり目が輝いてきます。みなの中にすいすい入れる子どもに変わります。

人を咎《とが》めなくなり、やさしくなります。他の子と協調できるようになります。

親にいつも怒られて抑圧されていると、みなの中にとけこめないのです。

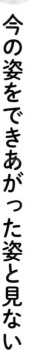

子どもをほめる教育に変え、子どもを認め、ほめ、愛して、子どもの本性に光を当てると、それまで攻撃的であった子どもが2週間で直ったり、泣き虫であったのが、逆に2週間でたくましいおてんば娘に変わったり等々の実例があります。

子どもの本性はどの子もすばらしいのです。わが子を信じてあげてください。親が変わり、徹底的にほめ、今までと１８０度異なった接し方をしてくださると、子どもは確実に変わります。

ほめられた子は、親が好きになり、親を守ろうとします。親の言うことを素直に聞き、すすんで手伝いをしたがるようになります。自分に対してよいイメージを持つようになり、頭が開かれた状態になるので学習もうまくいくようになります（嫌々学習しているときは不安ホルモンの働きのために、頭が閉ざされ、学習がうまくいかなくなることは、36ページで書きました）。

子どもがどんな姿であっても、もうできあがった姿だと決して思わないようにしましょう。

子どもは一節一節姿を変えて成熟していくものです。ちょうど蝶《ちょう》が卵から青虫になり、さなぎになり、さなぎから脱皮して蝶になるように。その途中の姿が蝶とは見えないように、子どもの姿も成熟の途中の姿と見ればよいのです。

子どもには赤ちゃんの時代に人見知りの時期があります。何でも「いや」という天《あま》の邪鬼《じゃく》の時代があります。2歳前後はかんしゃくの時代です。

これをその時期の姿なのだと温かく見守り、成熟を待ってあげるという気持ちで、おおらかに接してあげてほしいのです。

ところが、「子どもがかんしゃく持ちなのです。どう直したらよいでしょう」と悩んでよく相談されます。今直さないと大きくなって困るというわけです。

ちょうど2歳になった頃の子どもにパズルをさせると、うまく入らないのでかんしゃくを起こし、パズルを投げてひっくり返り、泣きわめき、なだめてもすかしても、30分も泣きやまないという姿がよく見られます。

ところがそれから半年もすると、パズルが上手にできるようになっていて、自分の言いたい気持ちも充分に言えるようになって、欲求不満が消え、うそのように穏やかな子どもに変わっているということがよくあります。

このように、今の困った姿は、成熟のための途中の姿だと思うようにしましょう。

スポーツができなくても、勉強ができなくても、それがもうその子の定まった能力なのだと見ないようにしましょう。

そこから努力すれば、いくらでも向上できるのです。親がやさしくバックアップしてくだされば、きっとよくなります。反対に厳しく咎めると、子どもの姿がゆがみます。

あるお母さまから「誰も子どもをたたいたりしたことはないのに、子どもがどこから覚えてきたのか、私をたたくようになりました」とお便りをいただきました。

このような場合、人がたたくのを見てたたくことを覚えたのではなくて、自分の行動をいちいち咎められるので、それが不満で親をたたくようになったのです。

親がやさしい気持ちで子どもに接してくださるようになると、人に対する乱暴が影を潜《ひそ》めます。

子どもの乱暴は、親の愛情を充分受け取っていないことから発します。親の言葉と態度が子どもに対して厳しくなっていないか、子どもの感情に不快なものとして映っていないかを反省してくださると、子どもの姿が変わっていきます。

次は会員の方からのお便りです。

お母さんのお便り⑥　愛情が足りなかったと反省

以前にご相談した、人に対して乱暴するということはおさまりました。今から思うと、私が知らず知らずに子どもを突き放そうとしていたのかもしれません。ある特定の友だちに対して特に乱暴がひどかったものですから、2～3カ月遊ばせないように遠ざけました。

そして今年になって、やけに私に対しておんぶとか抱っことか甘えるようになってきたのです。3歳にもなってと内心はうんざりした気持ちでしたが、子どもの言う通りにしてみようと思い、手のあいている限りおんぶに抱っこによしよしと相手をしてやりました。

すると子どもの気持ちが落ち着いてきたのと同時に、私自身も子どもに対するより深い愛情がわいてきたのです。

やはり私の愛情が足りなかったのかと反省しています。それにその乱暴していた友だちと今はとても仲良く遊べるようになりました。

完全主義で子どもを育てない

世の中のすべての親は、自分の子どもを心身ともに健康で、その上賢い子どもに育てたいと願っていらっしゃることでしょう。ところが子育てというのは案外難しく、願いとは裏腹に、子どもが自分の願いとは反対に育つ姿を見て、自分の子育てのまずさに、自己嫌悪に陥っている親御さんも多いことでしょう。

このような親御さんに、子育てでセカンド・ベスト主義をおすすめします。

子どもに理想の教育を与えたいと気負われると、結果は常にかえってよくないのです。なぜかというと、理想は常に達し難く、その通りには果たせないために、親の気持ちにゆとりがなくなり、ストレスでいっぱいになるからです。

するとこれが、子どもにとって最悪の環境になるのです。

何が何でも理想の教育を完全にやろうというよりも、わが家の生活条件に合わせてできる範囲内のことをしてやればよいというセカンド・ベスト主義でいくことにすると、親はゆったりした気分になります。

すると親のゆったりした気持ちが子どもに伝わって、子どもが明るく反応しだします。親の理想主義は子どもにとって最悪の環境になるのに対し、親がゆったりした気分で臨むセカンド・ベスト主義は、子どもにとって最高の生活環境になります。

子どもを見るのにも完全を求めると、子どもをどうしてもマイナスに見ることになります。どうしてこんなことができないのだろうと、子どもの自然な成長を見ることを忘れて、高い基準を設け、子どもがそれに達しないことにイライラします。

子育ての最大のボトルネックは、親が子どもに完全を望むこと、高い基準を設けて、子どもがそれに達しないことに悩み、そして怒ることです。

子育てをとても難しくしてしまうのは、子どもをそのまま認めようとせず、親のほうで基準を設けて、それに合わせる子育てをしようとすることです。

ところが子どもは自分の意志を持っていて、親の思う通りにはしないので、何とか自分の思う通りにさせたいと思う親御さんは、イライラしっ放しになります。

次第に親子関係もますます悪くなり、子どもが動こうとしないので悩みが大きくな

るばかりです。

　このようなとき、ハッと気づいてくださらなければいけません。子どもを今のままでいいのだとありのままを認めることを、すっかり忘れていたことを。

　子どもをいつもそのまま１００点と見ることを忘れてはいけません。

　ところが多くの親御さんは子育てにいつの間にか高い基準を持つようになって、子どもがその基準に合わないことに悩みはじめ、うちの子にはとても１００点をやれないと思いだすのです。

　七田式教育では子どもに見せることをすすめているフラッシュカードというものがありますが、カードを見なくなれば、カードを見なくなったでよいのです。絵本を読むのを喜んで聞かなくなったら、無理に聞かせなくてよいのです。プリントをしなくなったら、しなくてもよいのです。無理にしたくないことを無理にさせようとするから問題がこじれます。わが子をダメと思いはじめ、自分の子育てを失敗したと思いはじめます。

すべて、親がいつの間にか、子育てに基準を持ちはじめ、それにとらわれはじめるからなのです。

子どもは個性を持ち、決してみんな同じ行動をするとは限りません。それなのに親はみんなと同じようにさせようとします。

大切なのは子どもの気持ちや子どもの成長がわかることです。子どものプログラムに合わせなくてはいけません。親のプログラムを押しつけてはうまくいかないのです。

子どもが自分でしようとする気持ちを助け、子どもの成長に合わせましょう。するとのびのびと育っていくのです。

✉お母さんのお便り⑦　本当は子どもは勉強するのが好きだった

子どもが4歳の頃から、子どもの取り組みで行き詰まり、私の焦りや先へ先への気持ちが子どもへの圧力となり、かえって子どもがダメになっていくようで、ずいぶん悩みました。

結局、思い切って取り組みを減らし、本読みとプリントの取り組みだけにしました。

するとあるとき、私の妹に娘がこう言ったというのです。

「保育園よりおうちのほうが楽しいの。おうちだとママがいっぱいお勉強教えてくれるの。だけど最近あんまりお勉強してくれないからつまらない」

私は取り組みを減らし、娘のチック症状も治り、反抗的な態度もやみ、これでよかったのだと思っていたのです。このとき、娘は本当に勉強することが好きなのだと思いました。

以来、おおらかに接しています。今のところ、その効果は大です。おおらかな気持ちで接していると、子どもがのびのびし、びっくりするくらい自分の力を発揮してくれます。

よその子と比較しない

子育てを難しくする二番めのボトルネックは、親御さんがわが子をよその子と比較することです。比較してよいことは一つもありません。たいていよくできる子と比較して、わが子はできないと思い、落ち込んでしまいます。

子どもは一人ひとり個性があり、発達の度合いも、興味のあり方も全然違います。それなのにどうして同じ基準で見ようとするのでしょう。

アインシュタインは3歳になっても言葉が話せませんでした。記憶力も悪く、学校の成績もよくありませんでした。

わが子の発達が気になるときは、わが子はアインシュタインのタイプかもしれないと思うようにしましょう。

人間には左脳タイプと右脳タイプがあるのです。左脳タイプの人は、言語性にすぐれ、右脳タイプの人はイメージ力がすぐれています。アインシュタインは言語は遅れていたけれども、イメージ力はすぐれていたのです。このようにタイプや個性の違いがあるのです。

子育て上手の条件は焦らないことです。焦って子どもに接すると、奇妙なことに子どもは持っている力を出さなくなるのです。のんびり接してくださると子どもの力が出てきます。

焦りはよその子と比べることから生じがちなので、子どもを他の子と比べないことが大切です。一人ひとりの人間がその子でないと果たせない何か使命を持っているのです。だからその人らしい人間像があるのです。

その子の持ち味を本当に最大限に生かすのが人間教育です。自分の子どもを本当にその子に向いた方向に伸ばすのが万人の幸福の教育です。

平成7年7月21日付の朝日新聞は、「天声人語」で10歳（当時）の浅井力也君（現在、画家として活躍）のことを報じました。

浅井力也君は生後1カ月で脳性麻痺だと言われました。脳の一部に障がいがあり、長生きできないかもしれないと医師に言われました。

親御さんは「少しくらいダメな部分があっても、他のたくさんの細胞には、それを助ける働きがあるはずだ」と、マイナス思考をせずプラスに考えて、外から刺激を与えれば反応を呼び起こせるのではないかと、いろいろ工夫をしながら力也君を育てました。

筋肉が動かない、首のすわりが悪い、食べるのも飲むのも難しい、体温の調節がうまくいかない、寒さを避けるために東京からハワイへ移り住み、通院、通学を始めました。公立小学校で先生や生徒がとてもよく面倒をみてくれました。

力也君は、言葉が不自由です。でも親子の意思疎通にはこと欠きません。親御さんの話しかけにサインで諾否を示します。さまざまな要求の仕方も確立しました。

親御さんの無私の愛に育てられて、力也君の無私、広い愛、周囲への信頼感に、周りの人はハッ!とさせられ、教えられることが多いといいます。

ようやく歩けるようにもなり、4歳の頃、商店で見た絵の具に興味を示し、以来みごとな絵を描くようになりました。

力也君の大小の油絵は、東京・池袋の東京芸術劇場で展示され、その明るさ、やさしさ、ほとばしる力、みごとな色の饗宴《きょうえん》で見る人を魅了しました。

親御さんが力也君の光る個性を育てたのです。

子育て競争は無意味です。よその子と比較しないことが大切です。その子が持っている個性を引きだすことが大切なのです。

どの子も必ず、何か自分の関心のあるもの、好きなもの、得意なものを持っています。それを上手に伸ばしていけば、光り輝く個性に育つものです。

個性を育てる教育が子どもの心を生かし、子どもを育てる教育です。「個性で見ればどの子も一番」という言葉を覚えておきましょう。そうすれば無意味な比較をしないで済みます。

わが子のよいところ、個性の向かうところを育てようとすればよいのです。たいていはそのような見方ができず、他と比較して考えるためにわが子を劣った子と見るようになります。劣った子などいないのです。競争の基準を設けてしまうのでわが子を見誤ってしまいます。

エジソンやニュートン、アインシュタインなど天才と呼ばれた人たちが学校の成績が悪かったことはよく知られています。この人たちは何が人と違っていたのでしょう。好きなことがあって、それを伸ばしていったのです。

学力中心で育てない

わが子を競争原理で育てないようにしましょう。よその子より優位に立たせるために、早くから幼児教育をする、教育の先取りをする。このような発想で子育てをするのは、決してすぐれた子どもを育てることにはなりません。むしろ心のゆがんだ子どもを育てることになります。

教育とは知識や技術を教え込むことではなくて、子どもが本来持っているすぐれた才能や素質を引きだしてあげるためのものです。

親が子どもに残してあげなくてはならないものは何でしょう。財産や学歴ではなく、自分の道を切り開いていく知恵や能力を育ててあげることではないでしょうか？

そのためには自分で考え、自分で行動し、自分の責任を果たすことができる子どもを育てましょう。自分で努力する子ども、あきらめずに粘り続ける子どもを育てましょう。

１００点を取ることがえらいのではなく、その努力を認めてあげるのです。60点ではダメなのでしょうか？　60点を取ってきても「がんばって取った60点は１００点と同じ」と言ってその努力を評価してあげるとよいのです。努力に関心を向けてあげることが大切なのです。１００点がいけない、一番がいけないと言っているのではありません。１００点を取った努力、一番を取った努力は評価してあげるとよいのです。

けれども学校の成績をよくすることにこだわってはいけません。学校の成績は一番だったが、世の中に出るとその力が活かせなかったという例がよくあります。これは家庭の子育ての目標が間違っていたからと言えそうです。

イギリスのＰ・Ｇ・ハマトンという学者は『知的生活』（渡部昇一・下谷和幸訳／講談社学術文庫）という本の中でおもしろいことを書いています。鳥の中でダチョウや鶏は地面を歩くことが上手な鳥だ。一方鷲《わし》や燕《つばめ》は地上を歩くのは下手だが、空中を飛ぶのは非常にうまい。このように鳥には2種類あるが、人間の能力にも2種類あるように思う……と言うのです。そしてその2種類とは知能と知力だと言うのです。

知能テストで測れるような能力はインテリジェンス（知能）です。一方、知力はインテレクトです。インテレクトは知能テストでは測れない人間の能力です。

ところで知能の高い人は、与えられた問題をこなすのは非常に巧みです。こういう人は学校での成績は非常によく、会社に入っても事務処理が上手で、会社の仕事を上手にこなします。

ところがこういう人が35歳を過ぎて、大企業の部課長クラスになったとき、途端に落ち込んでしまう人がいます。事務処理能力は高くても、人をどう使うか、新しい分野の仕事に進出すべきかどうか、会社を大きくするためにこれからどうすべきか、といったことを考える知力が乏しくて大きなストレスを抱え込んでしまうのです。

これは知能を磨いて知力を磨いてこなかったからです。知力は人生をよく生きる力です。これは努力とつながりがあります。

マンガ家の故・手塚治虫《てづかおさむ》さんは幼い頃、体は小さく泣き虫でした。小学2年生の頃からマンガに興味を持ち、マンガを真似して描きはじめました。

その才能がのちに大きく花開くことになりました。学校の成績とはまったく関係のない才能でした。

だから、学校の成績だけでわが子を判断しないようにしましょう。学力のなかった人のほうが、ある人より大きく育つということが、この世にはたくさんあります。

これはなぜでしょう。

アメリカの成功哲学で有名なＡ・Ｌ・ウィリアムズは、その著書の中で「私の経験からいうと、あまり能力はなくても、立派な選手になりたいと一心に願っている人間のほうがのちの人生で成功を収めている。必死に努力し、その中で成功に必要な価値観を学び取るからだ」と言っています。

才能があって器用にこなすタイプの人間は努力せずにできるから、勝利に不可欠な挫折をしても努力し、粘り抜く根性を身につけることができないのが普通です。

少しの失敗で挫折する子は、勉強がよくできる子に多いとよくいわれます。この子たちはいつも１００点を取ることを求められ、完全であることを求められて育った子どもたちです。このような子どもは、ささいな失敗でも絶望して努力を放棄してしまいます。失敗しないことだけを目標に行動することが求められ、その結果失敗をするようなことは初めからしようとしない自発性のない子、創造性のない子に育ってしまう危険があるのです。学科で一番を取ることに重点を置きすぎてはいけません。

そのまま100点と見る

子どもに完全を求めるのではなく、欠点があってもいいんだよ、完全でなくてもいいんだよ、そこからがんばってよくしていけばいいんだよと教えましょう。

親御さん自身が子どもに完全を求めないようにしましょう。完全でなくても、そのまま100点と子どもを見られるようにしましょう。

自分の子どもは欠点だらけ、短所だらけで、とても100点はやれないという親御さんがいます。でも簡単に子どもを100点にしてしまう方法があるのです。それは子どもの欠点を一つも見ないこと。ただよい点だけを見るようにすればよいのです。

マイナス点を見ないのですから、そのまままたちまち100点になります。そしてそのよいところを上手にほめて育てていけば、悪いところは自然に消滅していきます。

欠点はつつけばつつくほど大きくなります。それよりも欠点は放っておいて、美点を認め、ほめて伸ばしていけば、そちらのほうがどんどん大きくなって、欠点はいつの間にか消えてしまうものです。

子どものこの見方を、夫や姑に当ててはめてみてください。夫や姑の欠点をいっさい言わず、反対によいところだけを口にして、感謝するようにすると、夫や姑がたちまちやさしい夫、姑に変わってしまいます。

欠点を見ている間は、夫、姑とうまくいくことはありません。ところが本来欠点などないのです。欠点を見ずによいところを見て、そこを認め、ほめて接し、夫や姑に感謝の気持ちで接してくださると、夫や姑がとてもやさしく変わってくださいます。

子どももまったく同じなのです。講演のときに質問を受けますと、みなさんが子どもの欠点をいろいろ並べ立てられます。そしてその欠点をどうしたら直すことができるかと、真剣に相談されます。そこで私はお子さんをそのまま１００点と見、欠点をつつかず、むしろそれを美点と見てほめてあげることをおすすめするのです。

たとえば、わが子がすべてにおいて動作が鈍いという親御さんに対して、「それはすばらしいことです。湯川秀樹《ゆかわひでき》博士は小さい頃、動作がとてもゆっくりなお子さまだったそうですよ。だからお子さまは、湯川博士と同じよさを持っておられるのです。

お子さまにそう言ってあげ、『早く、早く』とせき立てないようにしてください。そうしてお母さまが子どもの本性を信じて気長に待ってくださると、お子さまはきっと変わられますよ」とお返事します。

そうして親の子どもの見方・接し方が変わると、不思議なことに子どもが変わりはじめます。親が口やかましく言わなくなると、子どもが自分から動きだします。動作の遅かった子どもが、自分から動きだすので、自然に動作が速くなります。

結局、親の口数の多さ、小言の多さが子どもを動かなくしていたことがわかります。命令されて動作する子は、嫌々動いているから速くないのが当然です。それを取り除いてあげたので、子どもは表情も明るくなって、いきいきと動きだします。このように子どもをいきいきと動きださせるコツは、子どもをそのまま100点と見て、子どものすることを認めてあげ、ほめてあげることです。すると親の愛情が伝わって、「お母さん好き、お父さん好き」と子どもが言います。

子どもには二つの姿があります。プラスの姿とマイナスの姿です。そしてそのどちらも同じわが子なのです。

子どもをマイナスの姿にしているのは誰でしょう。それは他ならぬ親自身です。親が子どもをマイナスに見、マイナス感情で接しているから、子どものマイナスを引きだしているのです。

✉お母さんのお便り⑧　プラスの目で見ると子どもがのびのびしはじめた

先月のご指導、私の心を見透かされた思いがしました。本当に私が子どもに過剰な期待をしすぎていて、子どもをマイナスに見、冷たい言葉をかけていました。

焦る気持ちで取り組んでいたのを、子どもにとってすべての取り組みは、初めてするのだから、できなくて当たり前、と反省し、心が解きほぐされ、とても嬉しく、何度も何度もご指導を読み返しました。すると私が変わったのがわかるのか、子どもがのびのびし、急に嫌がらずに勉強するようになりました。

私のようなお母さんが多いということを聞いて、私だけではないんだと思い、少し安心しました。何はともあれ、これからも子どもをプラスに見て、できる限り子どもと一緒に楽しむ気持ちを大切にしていきたいと思います。

わが子を信頼してください

子育てをしている多くの親御さんたちは、ほとんど完全主義に陥っています。今日はこれだけのことをしなくてはならない、させなくてはならない、と思い込み、それができないときは、子どもを責め、自分を責めます。

子どもに完全を求め、子どもがきちんと応じてくれないからできないと子どもを責め、そのような子どもに育てた自分に嫌悪を感じます。

子どもに合わせて、わが家でできる範囲で、できることをしていればいいのです。知識の詰め込みや、知識の先取りが教育ではありません。子どもの個性や感性、創造性、心、人間性を育てることが大切なのです。

それを誤って、ついつい教え込むことに力が入ってしまいます。そして子どもが学ばないと非常にストレスを感じます。

親がつくった基準で完全を求めるからです。子どもはそのままで完全なのです。親は上手にそれを引きだしてあげるだけ。子ども自身の成長を助けてあげるだけ。

ところが親の基準で育てようとし、それに合うように完全を求めます。すると必ず挫折があるのです。

子どもの本性を信じ、子ども自身の成長を認め、ほめてあげましょう。子どもを無条件に愛し、尊敬し、子どものすることに、感謝と感動、共感を示してあげましょう。すると子どもはすくすくと育つのです。

どんなに難しく育った子どもでも、親にこの見方ができるようになると子どもは変わります。何かができる、できないでなく、またうまくしつけようと思うのでなく、尊敬して接しましょう。

わが子を上下関係で見るから尊敬を忘れてしまいます。そして、厳しい言葉を平気で子どもに浴びせるようになります。子どもを一個の人格として自分と同等に並べ、尊敬することを忘れないようにしましょう。

どんな非行児でも、尊敬して接するようにすると、非行が消えていきます。尊敬されると、人間は誰でも正しい成長をするのです。

親子の時間が時代とともに変化している

昔と比べると、いろいろと便利な世の中になりました。

たとえば、いちいち辞書を引かなくても、電子辞書に言葉を入力して、あるいは、スマートフォンに話しかけるだけで、いろいろ教えてくれる時代です。

しかし、それだけしか知らない子どもは、辞書を引くことができないでしょう。そのため、どういう基準で言葉が配列されているのかもわからないことでしょう。少なくとも、小学生のときには、辞書を素早く引ける子どもに育ててあげることが大切です。

また、タブレットでは、力を入れなくても、なぞるだけで文字が書けてしまうほど便利な使い方もできます。この便利な方法だけに頼ってしまうのはどうでしょう。鉛筆を持ったときに、芯を折らない程度に、いい力加減で文字を書くことができるでし

ょうか？　やはり、アナログの不便さを充分に体験した上でのデジタル利用がよいのではないでしょうか。

スマートフォンなどの通信機器の発達が進んだ現代は、親子の時間が大きく変化しています。

もしも、読者のあなたが授乳中のお母さまでしたら、授乳するとき、きちんと赤ちゃんの顔を見ていますか？　その目は、スマートフォンに向いていませんか？　その心は、赤ちゃんのほうを向いていますか？

授乳タイムは、単なる赤ちゃんの栄養補給タイムではありません。おっぱいを飲む様子を見つめて、「すくすく大きくなってね」とわが子に愛おしさを感じるとき、お母さんの脳内ではオキシトシンというホルモンが分泌されています。このホルモンは、脳に愛情を感じさせるホルモンであり、情緒を安定させ、自律神経を整える効果があります。スマートフォンの画面ばかり見て、「あら、もう飲み終わったの？」というのでは、お母さんと赤ちゃんの心がまったく通い合いません。これではオキシトシンも分泌されず、イライラの多い、ストレスフルな子育てになってしまいます。

おむつ替えなど、赤ちゃんをお世話するとき全般に言えますが、赤ちゃんと接するときは、作業になってはいけないのです。作業には心がありません。

人生の中で子育てをする期間、しかも、授乳をする期間は、ほんのわずかです。スマートフォンではなく、待ち望んで生まれてきたわが子に心を向けたほうが、有意義な時間の過ごし方だと思いませんか？

また、子どもと一緒に過ごしている間に、スマートフォンばかり見ている親御さんの姿をよく見かけるようになりました。公園などでも、子どもの遊ぶ様子をほとんど見ず、スマートフォンの画面ばかり見ている方もいらっしゃるようです。

そのような親の姿を見て、スマホ先進国であるシンガポールの小学生が「ママのスマホになりたい」という作文を書いて話題になりました。

たしかに、スマートフォンからはいろいろな情報を得ることができますし、SNSでコミュニケーションを取るなど、メリットは多く、刺激的でもあります。忙しい日々の合間に、ちょっとスマートフォンを見るくらい、いいじゃないかという気持ちになるのも当然でしょう。しかし、親に心を向けてほしいという子どもの願いを、親である私たちは真摯に受け止め、スマートフォンとのかかわり方を改めて考え直す時期に来ているのではないでしょうか。

量も大切だけど質も大切

親子で過ごす時間は、同じ方向を見て、子どもと同じものを見ましょう。愛情が通う、通わないというのは、どれだけ子どもと一緒の時間を過ごしたかではありません。「量より質」です。

たとえば、1日一緒に過ごしているのに、一度も子どもに笑顔を向けないくらいなら、仕事でなかなか家にいられないけれど、帰宅してから、1日3分でいいので子どもに心を向けて、今日の出来事を聞いてあげる時間を取ったほうが、子どもは愛されているという実感を持ちます。

昼間はさみしかったけれど、夜に親と話ができて嬉しかったら、ちゃんと1日が花丸になって終わることができるのです。

しかし、一緒に過ごしていたとしても、子どもが「お母さん、見て、見て！」と話しかけたときに、いい加減な反応を繰り返してしまうと、子どもは小さいながらに「わたしって、お母さんにとって何なんだろう？」と思います。そうなると、「わたしのことなんて、お母さんはどうでもいいんだ」とすねてしまう子もいるかもしれません。また、子どもの性格によっては、親をたたいてくる子もいるでしょう。

子どもと同じ空間にいるのに、関心が子どもに向かない状況というのは、一緒にいないのと同じどころか、それよりも悪い状況です。

「好き」の反対が「嫌い」ではなく「無関心」であるということは、聞いたことがある方もいらっしゃるでしょう。自分がそこにいるのに、いないのと同じような扱いを受けるほど、自尊心を傷つけられることはありません。

そして、そういった親の姿を見て育った子どもは、自身の人間関係でも他者に対して同じようにしてしまう可能性があります。子どもは、親のした行為を、良いことも悪いことも真似してしまうのです。

ずっと子どもと向き合い続けるのは、たとえ親でも疲れてしまうことがあります。また、家事などで子どもに時間を割くことが難しいときもあるでしょう。

子どもが「見て、見て！」と親を求めてきたら、少し手を止めて反応してあげる、手が離せない状況なら、「洗い物が終わったら見るから5分待ってね」と約束して、その約束を守るなど、できるかぎり、子どもに対して誠実な対応を心がけるようにしましょう。

子どもは親の所有物ではありません。一個の人格として尊重して、一緒に過ごす時間を大切にしていただきたいと思います。

そして、スマートフォンの画面ばかり見ていたら気づけなかった、子どものいろいろな表情や、1日たりとも同じ日はない成長の一瞬一瞬を、ご自身の目で、耳で、心で味わっていただけたらと思います。

もしも偏ったデジタル機器中心の子育てをしているのであれば、子どもには、ぜひ、アナログ経験をさせてあげましょう。アナログの「ちょっとがんばらなくちゃいけない感じ」を知っていれば、便利の有難さに、笑顔になることでしょう。日々、平穏無事に、楽に過ごしていると、幸せに気づくことができません。つらいこと、不便なことを知っているから、今の日常に幸せを感じ、笑顔になれるのです。感受性豊かな子育てをしていただき、笑顔のあふれる親子になってください。

第4章
親のプラス暗示が子どもを育てる

暗示こそ教育の最大の武器

子どもをすぐれた人物に育てる最大の武器は何でしょう。過去の偉人たちを調べて、偉人として育った要因を調べ上げた人にオストワルトという人がいます。オストワルトは長年にわたって偉人たちを調べ、出した結論は次の通りでした。

「過去の偉人たちはすべて、読書と暗示によって偉大な人物となった」

偉人たちに共通していることの一つは、偉人たちはみな読書家であったということです。もう一つは、偉人たちは親からよい暗示を受けて育ったというのです。

子どもたちをすぐれた人物に育てるには、両親の暗示に勝るものはないのです。この暗示を上手に使うには、暗示とはどういうものかを正しく知っていなければいけません。

暗示というのは潜在意識に入れる言葉なのです。人間には顕在意識と潜在意識の二つの意識があり、通常私たちは顕在意識で動いているように見えますが、実は潜在意識（無意識）で行動している部分のほうがはるかに多いのです。

人は自分のことについて、記憶力が弱い、理解力に自信がない、性格が変えられない、と心の奥にいるもう一人の自分（潜在意識）が常にささやきかけ、知らず知らずのうちにそのように思い込んでしまっているのです。

このように顕在意識より潜在意識のほうが、その人の性格や才能を形づくっているのです。

すると、子どもを動かしているのは、子どもの潜在意識だということが容易にわかるのではないでしょうか。

以前京都でお会いした発明家のO先生は、次のような興味深い話をしてくださいました。

先生はわが子を育てるのに、暗示を使って大変楽な子育てをしたと、先生の子育ての体験を語ってくださったのです。

先生は長女に、生まれたばかりの赤ちゃんのときから次の言葉を何万回となく、くり返し聞かせて育てられたそうです。赤ちゃんを抱っこして、次のように言います。

「強情と、
わがままと、
泣き虫はダメですよ。
やさしく、
おしとやかで、
お返事は〝ハイ〟ですよ」

赤ちゃんが泣いたとき、抱き上げてこの言葉をいつも言って聞かせて育てたので、この言葉を聞くと、この子はいつもピタリと泣きやんだそうです。そしてとてもやさしい、しとやかな、返事のよい娘さんに育ったということです。
先生は、こうして育てれば、大きくなって理屈で育てるよりも、無意識によい性格を身につけてしまうと話されました。

子どもが少々人よりすることが遅くても、「大丈夫だよ。あなたはいつもよくがんばるから、将来きっと大物になる。大物はいつもあとから行くんだよ」と言ってわが子を実際に大物に育てたという話をどこかで読んだことがあります。

この本を読む親御さんにも、子育てにこの暗示の力を最大限に活用していただきたいのです。

私はあるとき、東京の、オリンピック選手をたくさん出している水泳教室を訪問しました。そこのコーチの先生に「オリンピックに出るようなすぐれた選手を育てている、その秘密は何ですか？」と尋ねてみました。すると「きみたちはオリンピックに出るんだよ、といつも暗示しています」という返事でした。

やはりここでもよい暗示が使われているのを知りました。

親御さんたちはいつもわが子に「ダメねえ」「どうしてそんなに遅いの？」等々、マイナスの言葉をくり返し言っています。するとそれが潜在意識に入ってしまうのです。

そうしてわが子が親自身が入れた暗示の通りに育っている姿を見て、嘆き、叱っているのです。

親に否定的なマイナスの心が多いので、子どもに小さな頃からマイナスの暗示を与え続け、そのため子どもの頭には否定回路が育ってしまいます。赤ちゃんのときからの親の言葉一つで、子どもの頭に肯定回路が開けるか、否定回路が開けるかが決まっていきます。

肯定回路はベータ・エンドルフィンが分泌される、学習の楽な回路です。否定回路はアドレナリンが分泌される、学習の難しい回路です。

肯定回路が開けている子どもは、心がいきいきとよく育っていてプラスのエネルギーに満ちています。何をするのも楽しく、心身の状態がよく、すいすい勉強も学んでいきます。

次のことは、ぜひ覚えておいていただきたいことです。

子どもをマイナス暗示で否定状態におけば、子どもの反応はマイナスになります。

逆に、子どもをプラス暗示で肯定状態におけば、子どもの反応はプラスになります。

プラスエネルギーの親になってください

誰もが上手な子育てをしたいと願っています。けれども誰もが上手な子育てをできるわけではありません。子育てが難しいなと思っていらっしゃる親御さんのほうが多いはずです。

上手な子育てをするには、知識や技術が中心の子育てをするのではなく、心の子育てをすることが大切な秘訣《ひけつ》になります。

賢い子ども、よく学ぶ子どもとは、心がよく育った子どもなのです。では心がよく育った状態とはどんな状態でしょう。

心には二つの心があります。プラスの心とマイナスの心です。心がよく育っている状態とは、心がプラスの状態、肯定反応にある状態です。

この世の中はプラスエネルギーとマイナスエネルギーで動いていて、プラスエネルギーで動けばすべてうまくいき、マイナスエネルギーで動けばすべてうまくいかないことを、まず知ってくださらなくてはいけません。

アメリカのカリフォルニア大学で次のような実験が行われました。

同じ母親から生まれたA、Bの子ねずみたちを迷路に入れ、どちらが速く餌のところに到達するかという簡単な実験です。

試験官はこの実験を観察している人たちに、Aの子ねずみは賢く、Bの子ねずみは鈍い子ねずみだと説明しました。本当は2匹のねずみの賢さに差異はなかったのです。

実験が始まると、みなが賢いと信じているねずみは、楽々と迷路を抜けて餌に到達しました。みなが愚かだと信じたねずみは、迷路からなかなか抜けられず、餌に到達するのがかなり遅れました。

この実験が何回かくり返されましたが、結果はいつも同じでした。

これは親がわが子を育てるときにも、まったくこの通りが当てはまることなのです。マイナスエネルギーの親に育てられる子どもは、無意識にマイナスの反応をするのです。

親がこのことを知って、自分をプラスエネルギーに変えると、子どもはたちまちプラスエネルギーに変わってしまいます。親と子の脳は共振作用が非常に大きいのです。

「親が変われば子が変わる」といつも私が言っているのはこのことです。子育て上手になるには、このプラスエネルギーとマイナスエネルギーの存在に早く気づいてくださることです。

何でも否定的に見ることは、マイナスエネルギーを発することになり、それは無言の暗示をしているのと同じです。

講演会で質問を受けると、「どうしても子どもをプラスに見ることができません」と言う親御さんがいます。

そのような親御さんに、「うそでもいいからわが子がプラスに育っているイメージをしてください。すると想像した通りのわが子に変わるのですよ」と言っているのは、このようなことからです。

✉お母さんのお便り⑨　5分間暗示法で子どもが変わった①

いつもお世話になっています。先日は私の悩みに適切なアドバイスをいただきましてありがとうございました。

ここ何カ月も子どもの成長を見ながら、片方ではいつも悩み続けてきたことが、先生のアドバイスで一気に解消された気がします。

頭でわかっていながらなかなか自分が改められず、ジレンマに陥ることもたびたびで、つい子どもに当たったり、どうしてこれができないのだろうと、子どもを責めたりしたこともありました。

先生からのアドバイスを読み、涙が出て止まりませんでした。そして心の中で子どもに何度も謝りました。

ご指導の暗示法を毎日しています。その成果でしょうか。「お母さん、お母さん」とベタベタくっついてくることが少なくなりました。その代わり、「お母さん、大好き」と毎日抱きついてくるので、「お母さんもあなたのことを世界でいちばん好きよ」と強く抱きしめてあげると、安心して私から離れて遊ぶようになりました。本当に信じられません。

5分間暗示法のすすめ

5分間暗示法をすべての親御さんに試みていただきたいと思います。この暗示法で、困った性格を直したり、頭の働きをよくしたりすることができます。

5分間暗示法は次のように行います。

子どもが寝入って10分ほど経った頃、次のように子どもの耳元でささやきます。

「○○ちゃん、よく眠っているのね。フワッとしたいい気分でぐっすり眠りますよ。ほーら、眠るのがとても気持ちがよい。深く眠るほど気持ちがよくなります。深く、深く眠りますよ」

これで眠りの浅い子も深く眠れるようになります。

「○○ちゃんはとても素直ないい子です。明るいとてもいい子なので、ママは大好きですよ。パパも○○ちゃんのことが大好きです」

「みんなも○○ちゃんがいい子でとても好きですって。○○ちゃんが素直でやさしいので、パパもママもみんな○○ちゃんが大好きなのよ」

「○○ちゃんは3歳になってお姉さんになりました。だからもう指しゃぶりはしません。指が口のところに行くと気がついてやめます」

「朝までおしっこが出ません。さあ、ぐっすり気持ちよく眠りなさい。あしたの朝までぐっすり眠れ、朝はとても気持ちよく目覚め、1日がとても楽しいですよ」

「ほーら、ぐっすりしたいい気持ち。とてもいい気持ちで眠れますよ。いい子の○○ちゃん、あしたの朝までぐっすり眠りなさい」


この方法を「指しゃぶりをして困るので何とか直したい、幼稚園に行きたがらないので行くようにしたい」と相談された親御さん方にお教えしました。するとさっそく、翌日からよくなったと、ご報告がありました。

５分間暗示法は、子どもの困った癖を矯正するばかりでなく、頭の働きをよくし、記憶をよくするためにも使ってくださるとよいのです。

アメリカ、カンザス州のジェームズ・オーデル博士は知的障がいのある子を持つ保護者にこの５分間暗示法を教えました。

ＩＱ25と40の少女たちでＲの発音が困難でした。そこでＲという字を含むいろいろな単語の音声を子どもたちの寝入りばなに聞かせることを父母に提案したのです。子どもたちはこの音声を聞きはじめて21日後にはＲの発音が正確にできるようになりました。

旧ソビエト連邦では病気を治すのに睡眠治療法というのを使っていました。これが５分間暗示法に相当します。

アメリカでは寝がけの暗示（睡眠療法）は医学面や心理療法面、能力増進法にまで利用されるとし、特に内科、外科、小児科、産婦人科、歯科などの臨床でその利用価値は大きいとしています。

お母さんのお便り⑩　5分間暗示法で子どもが変わった②

七田先生、講演ありがとうございました。毎回新しい発見があり、なかなか大変な子育てに、体の中からファイトがわいてくるのを感じます。

今年、年少組に入園した息子は落ち着きがなく、先生の目が離れるとどこかに行ってしまって、先生方全員で捜し回っていました。図鑑が大好きで、魚、鳥、動物など生物が大好きでしたが、今は車に移り、幼稚園には興味がなく、外に車を見に出て行ってしまうのです。

家庭訪問では、「お母さんどうしましょう、困っています」と言われ、私もどうしたらいいか途方に暮れていました。その夜、暗示法を思いだし、とにかくやってみようと半信半疑で子どもの眠った顔を見ながらゆっくり話しかけました。

「Y君は幼稚園のお仕事（はさみ、野菜切り、縫いさしなど）が大好きになったね。お教室で一つひとつきちんと丁寧にお仕事ができるようになったね、Y君はすごいんだ。大きくなったらパパみたいに病気で困っている人たちをたくさん助けてあげるんだよね。だから神様がたくさんY君に力を授けてくださったよ。Y君は神様がくださった力でいっぱいになったよ。パパもママも先生もお友だちもみんなY君が大好き。気持ちよく眠って明日は元気に幼稚園に行こうね。おやすみ」

とゆっくりささやくように話しました。

たしかに不思議なことには、夜話した言葉の意味を朝「～はどういうこと？」と尋ねてくるし、時々幼稚園に行きたくないとぐずぐずしているときは、早くしなさいと叱りつけるより、ゆっくり暗示したときの声で「大丈夫、さあ行こう」と私が言うとハッとした顔をしてスーッと行くのです。

幼稚園のお誕生日カードに、「大きくなったら」というところがあって、先生が「何になりたい？」と尋ねたら、ぼくは北里《きたざと》柴三郎《しばさぶろう》みたいになって病気の人を助けるんだと言ったそうです。暗示の効果はすごいですね。ほんの何分間か耳元でささやいていただけでした。

暗示をしつけに利用しよう

暗示はこのようにしつけにも利用できるし、子どもの学力を向上させるのにも役立ちます。暗示を積極的に利用することを学びましょう。

毎晩親御さんが耳元で子どもに暗示をささやくのが大変なときは、ＩＣレコーダーやスマートフォンなどの機器を利用するのもよいでしょう。

まず、子どもが寝入ったときに、親が吹き込んだ音声を聞かせて、反抗的な子どもの性格を素直な性格に変え、自信のない子に積極的なやる気と自信を与える暗示法についてて説明しましょう。

暗示は脳波に関係があるのです。人間の頭は起きているときは、通常ベータ波が働いています。

私たち人間が毎晩眠る過程では、目覚めているときに働いているベータ波から、学習に適したアルファ波、暗示を受け入れやすいシータ波、熟睡して何も受け入れないデルタ波と、脳波が移り変わっていきます。

ベータ波からアルファ波に移り変わると、通常起きているときには働いている、顕在意識と潜在意識の間にある情報濾過《ろか》装置が働きをやめ、通路を広く開いてしまいます。すると潜在意識へ与えられる暗示が容易に取り込まれるようになります。だから、寝入りばなに暗示を入れると、潜在意識にスーッと入っていくのです。

子どもが寝入ってから5分くらいの間は、親御さんが自分の子どもに望むいろいろな希望を吹き込んで、毎晩子どもが寝入ったときに、音量を絞ってささやくように耳元で聞かせるだけでよいのです。

たとえば、次のように吹き込んでくださるとよいでしょう。

「ゆき子ちゃん、ゆき子ちゃんは朝までぐっすり気持ちよく眠りますよ。お母さんの声を聞きながら、どんどん気持ちのよい深い眠りに入っていきます。

あなたが軽く息をするたびに、静かで、楽しい眠りにより深く入っていきます。

あなたは深い、深い眠りに入っていきますが、お母さんの声だけははっきり夢の中で聞いています。

そしてお母さんの声があなたをもっとトロトロに眠くしていきます。お母さんはあなたがとても好きですよ。あなたのことをとても愛しています。あなたとお母さんはいつも心が一緒です。

あなたはお母さんが喋《しゃべ》ることを、とても興味を持って聞いています。それはお母さんの喋る言葉が、あなたにとってとても大切なことだということを、あなたはとてもよく知っているからです。そしてお母さんの喋っていることが、あなたにとても役立つ、いいことだからです。

あなたは今、とてもゆったりと眠っています。とても幸せで、眠たい……。

お母さんの声を聞きながら、あなたはいっそう深い眠りに入っていきます。あなたはもう深い眠りに入っています。でもお母さんの声は夢の中ではっきり聞いています。お母さんの声が聞こえていたら、口をゆっくり少しだけ開けて、お母さんに教えてください。お母さんの声が聞こえていたら、少しだけ口を開いてね（少し間を置き、子どもが口を開くのを待ちます）。

はい、わかりました。あなたは夢の中でお母さんの言うことをはっきり聞いています。さあ、口を閉じて、お母さんの声を聞きながら、もっと深く眠りましょう。眠りながら、お母さんの言葉を、大事に聞いてください。お母さんの言葉があなたの心に深くしみ込んでいきます。

ゆき子ちゃん、あなたはとてもお父さん思い、お母さん思いの素直な、やさしい子どもです。

近所の人たちにも、お友だちにも、やさしい親切ないい子です。そしてみんなからとても愛されています。みんなはゆき子ちゃんと一緒にいるのが楽しいと感じています。あなたの人のことを思うやさしさが、みんなの心に伝わって、みんなもゆき子ちゃんに親切にやさしくします。あなたが友だち思いで、友だちを大切にするので、友だちもゆき子ちゃんが大好きです。

ゆき子ちゃんは、お返事がいつも『はい』と元気にできて、明るい、みんなに愛される子どもです……」

以下親御さんの希望を二つ三つ吹き込んでくだされればよいのです。そして、毎晩忘れずに聞かせてあげましょう。

暗示学習法

暗示は子どもの寝入りばなにしか使えないものでしょうか。そのようなことはありません。起きているときにも学習に使うことができます。

今はなくなっていますが、かつて東京にラーン・ウィズ・ジョイ（楽しみながら学ぶ）という教育をしているところがありました。

そこへある年の2月9日、2人の女子中学生がやってきました。「あと2週間で都立高校の入試があるけど、全然自信がない。合格できるようにしてほしい」と言ってきたのです。成績は社会は0点、学校の先生から「無駄だから受験はあきらめろ」と言われたという子どもたちです。

教室の先生はしばらく考えていましたが、「大丈夫だ。一緒にやろう。きっと合格する」と言いました。

翌日から、さっそく暗示を取り入れた学習法が始まりました。

レッスンの方法はまず、呼吸法、リラックス用の音楽を取り入れる、暗示法を活用するなど、努力するよりも楽しむことを中心にアルファ波測定を組み入れながらやりました。

結果はどうだったでしょう。２人の女子中学生は、１日10時間勉強しても少しも疲れを感じなかったのです。

２週間があっという間に過ぎました。そして受験。

発表は３月３日、ひな祭りの日でした。なんと２人とも無事合格でした。併願で受けた私立校も合格。この番狂わせに、学校中が騒然としたといいます。

暗示を使って学習すると、潜在意識を活用することが可能となります。

人間の脳、特に潜在意識の部分には、大変不思議な働きがあります。この能力に目を向ければ、能力のないという子どもなどいないのです。今までの子どもの見方、育て方は、子どもに知識や技術を教え込むことによって、子どもの賢さを育てようという考え方に頼っていました。

この考え方では子どもがうまく育たず、そのため親も子も悩むことが多かったのです。ところが潜在意識に目を向け、潜在意識に秘められた能力を引きだす方法を知れば、子どもが本来持っている高い能力を自然に引きだすことができます。

知識を教え込むことでなく、そのような人間が持っている本来の潜在能力を引きだす教育こそ、本当の意味での教育ではないでしょうか。そしてその能力は、実は親の子育て一つで引きだせるのです。親が子どもに対して明るい夢を持ち、愛情を注いでプラス暗示で子育てをすることが、この能力を自然に引きだします。

それには親が子どもの潜在能力について、充分知っていることが大切です。

潜在能力についてもう少し学びましょう。潜在能力は暗示で引きだすものです。

ブルガリアの首都ソフィアに、アルファ波を活用して学習する方法を教える「サジェストロジー研究所」がありました。ここの所長は「暗示学（サジェストロジー）」を開発したロザノフ博士です。

この研究所で、あるとき記憶に関する実験が行われました。教室で22歳から60歳までの、年齢のまちまちの男女15名が、フランス語のレッスンを受けました。そしてその1日の最後に、その日に習ったフランス語のテストを受けました。

テストの結果は、平均正解率が97パーセントでした。これは1人が平均1000語の単語を覚えたことになるのでした。人間の頭脳は1日になんと1000語を楽々覚える力を持っていることを証明したのでした。

ブルガリアの子どもたちは、この学習法を使って、よその国の子どもたちが半年かかることを1カ月でマスターしてしまうと言われました。

ラーン・ウィズ・ジョイで学んだ女子中学生たちが目覚ましい成果をあげたのも、このようなことを聞くと不思議でも何でもなくなりませんか？

子どもたちの一人ひとりがこのような高い能力を秘めているのです。この能力は潜在意識に隠されているので、その使い方を知らないと引きだせません。通常の学習法では表に出てきません。

子どもは生まれたときから知らず知らずに、周りからマイナス暗示を受けて、自分をつまらない人間だと思うようにさせられています。その結果が子どもを充分発達させることができないでいるのです。

小さいときから、できれば胎児のときから、ここに目を向けて子育てをするべきです。これは決して胎児のときから、知識の詰め込みをしなさいと言っているのではありません。

子どもをマイナスに見るのをやめよう

このように見てくると暗示の力にはすばらしいものがあることがわかります。するとその力があまりにもすばらしいので、逆に心配になる人が出てきます。人間というものは、人に言われて動かされるのではなく、自分で考えて行動しなければならないのに、暗示を与えて親の思う通りに動かそうとするのは、子どもの主体性を損なうのではないか、というのです。

親御さんが毎日子どもにかけている言葉が実は暗示なのです。親はそれを知らずに子どもにマイナスの言葉をかけているのです。そのことに気づいて、子どもに毎日かける言葉をプラスの言葉に変えてくださるとよいと言っているのです。

知らずにマイナスの暗示を与え続けるのがよいか、知ってプラスの暗示に切り換えるのがよいか、どちらでしょう。親御さんの子どもの見方をプラスに変えて、いつも子どもにかける言葉をほめ言葉に変えてくださるほうがよいのではありませんか？

わが子をよい方向に変えたいというのは、すべての親御さんの切実な望みだと思います。その効果の目覚ましい方法の一つとして、暗示を建設的に活用してください。

お母さんのお便り⑪　おねしょが治った

いつもご指導いただきありがとうございます。

おねしょのことは、さっそく送っていただいたお手紙を参考に「寝る前におしっこしたからもう大丈夫。朝までぐっすり眠りなさい。おしっこしたくなったら目が覚めます」とタブレットに吹き込んで、子どもが寝たかと思うとすぐ聞かせるようにしました。

するとその日から、うそのようにおねしょをしなくなったのです。それまでは、ほとんど毎晩パンツはびしょびしょ、パジャマまでぬれていました。それでも夜は起こさないほうがよい、叱ってしつけてはいけないと思い、じっと待っていました。

もう4歳になるのに大丈夫かしら……、と不安になることもたびたびでした。音声を聞かせはじめてから1カ月くらいになりますが、1回少しぬれているかな、という日があっただけで、他の日は3日くらい、夜中に「おしっこ」と言って私を起こしましたが、他は朝までぐっすり眠り、パンツもぬれていないのです。昼寝のときもおしっこをまったくしなくなりました。本当にびっくりしています。ありがとうございます。

この頃は聞かせない日もありますが、おねしょはいっさいしません。暗示の力ってすごいですね。

このことを主人に言うと、「母親はいつも子どもにいろいろな暗示をかけている」と言われました。1日中一緒にいるのですから、毎日同じことを言えば暗示をかけていることと同じことだなぁと反省しました。

ほめ方、叱り方にもっと気をつけなければいけないなぁと思いました。これからもよろしくお願いいたします。

このように暗示の力、子どもの潜在能力の大きさを信じて、子どもをマイナスに見ず、常にプラスに見て建設的なことに暗示を使うようにしましょう。

第5章

心を育てることに目を向ける

親がしなければならないもっとも大切な仕事

子育てで親がしなければならないもっとも大切な仕事は何でしょうか？　それは「子どもをありのまま受け入れる」ということです。

ところがたいていは、親は子どもに「こうあらねばならない」という理想像をつくり上げて接します。すると理想像と実際の姿の間にギャップが生じ、親はストレスを抱え込むことになるのです。

親のほうで理想像をつくり上げてしまってはいけません。理想像をつくり上げてしまうと、その理想像に合わせようという苦しい戦いが始まることになります。

どの子も一人ひとりがみな違っていて、それぞれのすばらしい個性や可能性を持って生まれてくるのです。その可能性を充分に引きだすように環境をつくってあげることが、親に課せられた最大の仕事なのです。

子どもがありのままを受け入れられ、一個の人格として愛され、大切に育てられたとき、その子はとてもよく伸びるのです。

でも現実には、この逆をやっている親御さんのほうがはるかに多いように思います。それは親が子育てを頭でしていて、心でしていないからです。つまり子育てを技術だけでしようとし、子どもの心に目を向けることを知らないでいるからです。

次のチェックをしてみてください。

①子どもを泣かせて育てていませんか？　子どもが笑いを忘れていませんか？　子どもを叱ってばかりいませんか？

②子どもと毎日楽しく接していますか？　子育てを楽しいと思っていますか？

みなさん、あなたの子育てはどちらでしょう？　①の場合は子どもの心が見えなくなっているのです。②の場合は子どもの心を正しく育てているのです。

子育ては子どもの心を育てることが何より大切です。子どもの心を育てるには、子どもの心をリラックスさせてあげなければなりません。

心が100パーセントの能力を発揮できるときは、リラックスして脳波がアルファ波のときなのです。心が体をコントロールしています。リラックスしているときは、細胞の一つひとつまでコントロールする力を持っています。心がリラックスしているときは、すべてを楽に吸収し、学習が容易に行われます。

心がストレスでいっぱいのときは、脳波はベータ波で吸収力が悪く、頭は潜在能力を引きだせず、閉じた頭になっていて学べなくなっているのです。

人間の能力にあまり差はないのです。表われているのは心の差なのです。心の使い方が正しければ良い結果を得、間違っていれば悪い結果しか得られないのです。能力をコントロールするのは心の使い方の差によるのです。

みなさん、今まで上手に自分の心とわが子の心をコントロールしてきましたか？ 子どもをささいなことで叱ってきませんでしたか？ 今でもすぐ、子どものことで腹が立ちませんか？

親御さんがそのようなマイナスエネルギーに向かう心の傾向を持つと、子どもの心も容易に同調してマイナスの心を持ってしまいます。

人間の潜在意識はファイリング・キャビネットです。親にマイナスの心で毎日接せられている子どもの心には、「自分はダメ、できない子」というマイナスイメージが埋め込まれています。

どんなに学んでも潜在意識の深い心の底に、ダメ、できないという情報が埋め込まれていると、その子は本当にダメな子の姿を表わしてしまいます。

ここを変えてやらないといけません。それにはまず親が子どもに対する見方、考え方、接し方を変えてくださらなくてはいけません。

親の子どもに接する心が、いつまでもマイナス思考のときは、子どもの心もマイナスのままなのです。

子どもの心を変えるのは、親の心が変わったときだけなのです。親の心が変わらないのに、子どもの心だけ変えようとしても、それは決してうまくいかないでしょう。まず親が、子どもを伸ばすのは「知識ではなく、心であること」をよくよく理解してください。

もし月曜から土曜まで、びっしり子どもに習いごとをさせている親御さんがいれば、子どもが表情を失い、笑いを失っていないかどうか見てください。

子どもが嫌がっているのに学ぶことを押しつけていないかどうか見てください。

同じことをしていても、一人の子どもは喜び、一人の子どもは嫌がっているものです。喜んでいる子どもにとっては、その取り組みは楽しみです。それは子どもの心や感性や知識を育てています。

子どもが喜んでいないときは、それは子どもの心を暗くし、感性を押しつぶしているのです。もし子どもが喜ばないのに無理に何かをしていらっしゃるとしたら、子どもは笑顔を失っています。これはよくない子育てになっていることに気づいてくださらなくてはいけません。

子育ては子どもの心を育てることが大切なのです。心を育てると、子どもは親と心が通っていて、親のすることをとても喜び、親と学ぶことが大好きになります。

こうなると、親はにこにこ、子どもはのびのび育ちます。

親御さんのチェック事項

子どもの心を動きださせるようにする親御さんのチェック事項があります。次の6つです。

①子どもに丁寧に頼んでいるか。
②子どものすることに感動しているか。
③子どもに感謝しているか。
④子どもを一個の人格として見て、尊敬して接しているか。
⑤学校の評価より家庭の評価を大切にしているか。
⑥子どもに仕事を与えているか。

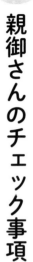

この6つのチェック事項の一つひとつに、子どもの心を動きださせる鍵が隠されています。

まず「子どもに丁寧に頼んでいるか」からチェックしていきましょう。

子どもにやる気がない、もっと積極的にやる気持ちを起こしてほしいが、どうしたらよいかとよく相談を受けます。

子どもにやる気を起こさせる秘訣《ひけつ》は、親が偉すぎてはいけないということです。親が子どもの上に立ってものを言うのではなく、子どもの下に立って、子どもより無力になって子どもに仕事を頼んでくださるのがよいのです。

すると、どんなに難しい子どもでも立ち直らせることができます。これは本当に秘中の秘ともいうべき子どもを積極的な子に変える方法です。ですから親御さんのチェック事項の最初に持ってきました。

親はつい、子どもより自分が上と思い、わが子には教え込まなくてはならないと思って、命令調で「〜しなさい」と言いつけます。たとえば、「早く起きなさい」「早く食べなさい」。

すると子どもは親の期待の通りに動いてくれるどころか、逆にすべてが遅くなります。命令調の言葉は、実は子どもの心を動かなくする言葉なのですから。それは子どもに自分でする気をなくし、すべて親にしてもらわなくてはダメ、教えてもらわなくてはダメという子どもを育てます。

このような子どもにやる気を起こさせるには、普段の生活の中で、親のほうが子どもよりも無力になって、子どもに助けを求めてくださるとよいのです。たとえば「ゆきちゃん、ママちょっと今忙しくてできないの。これをパパのところに持って行ってくれる？」「玄関の靴をそろえてくれる？」など、子どもにできる仕事を頼んでしてもらうとよいのです。

そしてしてくれたら、抱きしめ、感謝して、喜びを伝え、ほめてくださるとよいのです。すると子どもの心は自分が認められた、ほめられた、親の愛情をもらったという喜びに満たされます。

子どもを積極的にする秘策は、子どもに頼ることです。子どもに教えてもらうようにすることです。「ママを助けて」と頼むと、〝ママを助けたら、ママが喜んで自分を抱きしめてくれた。わたしを愛してくれた〟と子どもが思い、子どもが存在感のある子どもに変わります。これが大切なのです。

通常は、叱られ、命令され、つまらない人間のように思われて、自分はダメな人間だと、自分の値打ちを自分で認められなくなっています。ところが親に頼られると、子どもはにわかに自分の値打ちが感じられるようになるのです。「こんな自分でもママが頼ってくれた。自分はママを助けることができた。自分のしたことをママが喜んでくれた。自分は役に立つ人間だ。親に愛される値打ちがあるんだ」と無意識に思うのです。

自分の存在に自信を持つことができるように育てることが、子育てのいちばん大切な項目なのです。存在感のある子どもは、自分のすることに自信を持ち、積極的に動くようになります。

親は通常逆にわが子を低く見て、命令語・否定語・禁止語で接しているので、子どもの心には満たされない思い、恐れや不満、自信喪失が巣くってしまいます。すると子どもの心は外に向かわないのです。

子どもの心に不安や不満、自信喪失があると、子どもの心は外に向かわないのです。これを変えるためには、親の子どもへの接し方を命令調から依頼調に変えましょう。この簡単なことで、子どもがみるみる変わります。

子どものすることに感動する

子どものすることに感動していますか？　子どものすることを当たり前と思い、感動することを忘れ、ほめることを忘れてはいませんか？

子どものすることを一つひとつ心から感動して、ほめ言葉が自然に心の奥から出ている親御さんは、例外なく素敵な子育てをしています。

赤ちゃんが生まれたときは、どの親も心から感動します。生まれたばかりの赤ちゃんが力強くおっぱいを吸うといっては感動し、寝返りを打ったといっては感動し、立った、歩いた、言葉を喋《しゃべ》ったといっては感動します。

ところが赤ちゃんが自由に動けるようになると、どこにでも行って何にでも手を出します。鏡台の引き出しを引き抜き、中のものをぶちまけてしまいます。つかんだものを手当たり次第に投げたり、障子を破ったり、親の目には困ったいたずらとしか見えないことをいくらでもやります。

2歳になると、それまでは親の言うことをおとなしく聞いていたのに、にわかに自我が発達してきて親の言うことに素直に従わなくなります。

この頃になると、親はいつの間にか子どものすることに感動することを忘れ、逆に「ダメ！」「いけません！」と厳しい言葉が飛びだすようになります。

ここから難しい子育てをするか、楽な子育てをするか、分かれ道ができてしまいます。「恐怖の2歳」と呼ばれる時期がこの頃に相当します。いけませんと言われるとますます反発し、何でも自分でやろうとするが、うまくいかないので欲求不満を起こし、それで暴れるのです。

この時期におもしろそうな教材を与えたり、言葉の正しい訓練をしたりすれば、いたずらで親を困らせることも少なくなります。自分の身のまわりの品物を自分で正しく扱うように教えれば、欲求不満もなくイライラすることもなくなります。

この時期に接する言葉を「ダメ！」「いけません！」の禁止語でなく、感動語、ほめ言葉にするとよいのです。むやみに禁止せず、逆に感動してみせるとよいのです。

たとえば普通はスプーンを使わせても、上手にすくえず、大半はこぼしてしまうの

で、「ダメ！」と言い、スプーンを取り上げようとしてしまいます。こぼされるよりは親が与えたほうが楽というわけです。

このときまだ早すぎると思い、「ダメ！」「いけません！」と赤ちゃんにスプーンを持たせないようにすると、大切な機会を失ってしまうことになります。

赤ちゃんがスプーンを使いたいという気持ちを起こしているそのときを、どうして拒否なさるのでしょう。

赤ちゃんの心を満たさない結果、赤ちゃんは思うようにさせてくれない不平と不満でだんだん腹を立て、前にあるものを蹴飛ばしてひっくり返したり、泣きわめいたり、言うことを聞かない赤ちゃんにして、とても扱いにくい子どもに変えてしまいます。

ですから、赤ちゃんがスプーンを欲しがったら、「はい、どうぞ」とまずスプーンを持たせてあげてください。

初めてスプーンを使う赤ちゃんが上手にスプーンを使えないのは当たり前のことです。こぼしたり、お皿をひっくり返したり、大変かもしれません。でもそれはあとで掃除をすれば済むことです。

大切なのは、スプーンに米の一粒でものったら、「まあ、上手!」と感動して手をたたいてほめてやることです。

すると赤ちゃんにその感動が伝わり、ほめられて嬉しくなって、やればできるという自信や、もっとやりたいというやる気や、上手になりたいという向上心を育てます。

これがやる気のある、どんどん伸びていく心を持った子どもを育てる子育てになるのです。小さな成功体験をたくさん与えてあげることが大切です。

本当はうまくできなくても、小さな成功を見つけて、それに感動し、ほめてあげることが子どもの心を育てる子育てになります。

子どもに感謝して育てよう

親には2種類あります。タテ型思考の親と、ヨコ型思考の親です。

タテ型思考の親は、自分の子どもを能力が低く、自分より劣る人間だと考えています。子どもを自分より低く見て、命令口調でものを言い、子どもの言うことをろくに聞いてやらず、自分のやり方、考え方を子どもに押しつけます。

子どものすることを、まずい、下手だ、上手にできない、まだこんなことができないとマイナスの評価を与えます。

すると子どもはやる気がなくなり、反発し、ますます親の気持ちとは反対の方向に成長していきます。

このような親は、親のほうから子どもに「おはよう」「ありがとう」「よくやった」「すごいね」などの挨拶の言葉、感謝の言葉、ほめる言葉、感動の言葉がほとんど聞かれません。

ヨコ型思考の親は、自分より大きな可能性を持つ子どもを尊敬し、その能力を信じ、子どものすることを大切に見守り、子どものすることに驚き、上手、下手よりもやる気に感動し、がんばれと励まし、子どもが言葉を返すと「意見が言えるようになった」と喜び、子どものすることを、もうこんなことができると認め、それを口に出して上手にほめる親御さんです。

すると子どもは喜んで「もっと喜んでもらおう」「もっと上手になろう」とやる気を大きくしていくものです。

ヨコ型思考の親は、朝起きたときから子どもに「おはよう」と言葉をかけ、「元気に起きたね」とほめて、子どもの1日を心はずむものにしようと心がけます。

つまり子どもを上から下に見下すのではなく、子どもと同じ高さになって、あるいはむしろ下になって、子どもの心を見ることができる親御さんです。

子どもを自分より劣ったものと見下さず、子どもの心が見られるようになったとき、育児がうまく滑りだします。

子どもの心を不安にかりたてるのは、親の態度と言葉です。1日中小言ばかり言って育てると子どもの心は少しも満たされません。

子どもの心を満たすには、やさしく抱きしめてあげると同時に、子どもの耳に快い認める言葉、ほめ言葉、ねぎらいの言葉、感謝の言葉を入れてあげることが大切です。

親が子どもに用事を頼み、子どもがしてくれたら、「ママを助けてくれてありがとう」と感謝し、子どもをギュッと抱きしめると、子どもの心は動きます。自分は役に立った。もっとママの役に立ちたいと思うようになり、今まで動かなかった子どもの心がイキイキと動きだします。

子どもは人に感謝されて喜ぶ気持ちを育みます。また親が感謝してみせるので、子どもの口からも人に親切にしてもらったときに自然に「ありがとう」と感謝の言葉が出るようになります。

小学生には「人間として成長するには、心を大きく育てることが大切なんだよ」と教えましょう。そしてどうしたら心を大きくすることができるかを教えるのに、「人に喜ばれること、感謝されることをすると心が大きくなるんだよ。きみたちも人から親切にしてもらったら嬉しいでしょう」と教えるとよいのです。

人間が生きていくために誰もがまず考えなくてはならないのは、相手をどのようにして喜ばせようと心がけるかです。相手を喜ばせる、幸せにする。すべての人がそのように心がけたら、この世はどうなるでしょう。とても平和になると思います。

子どもにその心を教えるには、まず親が子どもにちょっとした用事を頼み、してくれたことに対して「ありがとう」と心から感謝してみせるとよいのです。

子どもは感謝されて、人に喜んでもらったことを知ります。そして喜んでもらえたことを嬉しく思い、さらに喜んでもらおうと努めます。

子どもに感謝をすれば、子どもが感謝を覚えるのです。

夫に対しても感謝をし、夫の心を喜ばせるようにしましょう。すると夫がとてもやさしい夫に変わってくれます。

感謝されると、感謝された人の心は喜びます。感謝の言葉は人をやさしくします。子どもの心をやさしくするのは、親の叱る言葉ではなく、親の感謝する言葉です。

親の感謝の言葉は、子どもの心を明るくし、やさしくし、やる気のある心に変えてしまいます。

子どもを一個の人格として尊敬する

子ども一人ひとりに一個の人格として尊敬の念を持って接しましょう。子どもを小さいからといって、自分の所有物のように思い、自分の思うままに育てようとしてはいけません。

小さくても自分と対等の人格を持った人間として、尊敬の気持ちで接してくださると子育てはうまくいくのです。

たいていはそうせずに、対等の大人に対しては絶対に言わないような言葉を、わが子に対しては平気で使っています。そのような言葉を夫婦間で使えば、おそらく2週間で離婚騒ぎになるでしょう。

夫に対して「どうしてあなたはいくら言ってもわからないの？　ダメと言ったでしょう」「いけませんと言ってるのにどうしてわからないの？」と言えますか？　この

ような言葉がわが子に対しては平気で出るのではないでしょうか。

子どもは一人ひとりがどんな子でも必ずいい点、すぐれているところ、他の子にない個性を持っています。子育てはその個性を伸ばすことにあるのです。子どものよいところを見つけ、それを認め、ほめて育てていけば、どの子も大きく伸びる本性をみな持っています。

ところが個性で見ようとせず、目先の成長発達や、能力や学力でつい見てしまいます。そしてわが子をマイナスに見てしまい、否定的な言葉を与えて接してしまいます。

そのひと言の何気ない言葉が子どもの人生を変えてしまいます。子どもの心を暗くし、自信をなくさせ、心を動かなくしてしまいます。自分はダメ人間と思い、やる気を失い、好奇心も積極性もない子にしてしまいます。

すべて親のひと言が子どもの姿をつくる要因になっているのです。親は自分がそう育てたとは知らずに、子どもを叱り、時にはたたいてよくしようとします。

このことに気づき、気づいたときから、この逆をやってくださるとよいのです。子育てがうまくいかなくなっている親御さん、子育てに問題を感じている親御さん、子どもを低く見るのをやめて、対等の人格として、尊敬の気持ちを持って接してください。すると子どもがみるみる変わります。

子どもの人格を認める言葉がけが、子どもの自信を育て、素直さを育てます。一個の人格として、一人前扱いをすると、子どもはみな変わります。

あるお母さんがこの見方を学び、子どもを一人前扱いすることに決め、泣き虫で頼りない子どもにいろいろな用事を頼み、ママを助けてくれるように頼みました。初めはお掃除のときにちりとりを持ってきてもらうことからです。

持ってきてもらうと「ママを手伝ってくれてありがとう。ママ助かるわ」と礼を言い、その日仕事から帰ったパパにそのことを報告して、パパにも子どもを認める言葉、ほめる言葉を言ってもらいました。

すると子どもがみるみる変わりました。しまいには一人でお店に豆腐を買いに行ってくれるまでになりました。その頃にはメソメソしなくなり、しっかりした子になりました。

ある高等学校の2年生の少年は、学校中の先生に白い目で見られ、乱暴な少年として怖がられていました。

学期が変わり、他校から転任してきた新しい先生が、その少年のいるクラスの担任になりました。古い先生方はみなその少年のクラスの担任になることを恐れ、新任の先生に担任を押しつけたのです。

ところがそのことが、少年にとっては大変幸せな転機となりました。

新任の先生は少年たちの心がわかる先生でした。先生は一人ひとりの少年を一人の個性のある人間と見て、尊敬の気持ちを持って接する先生だったのです。

その少年の担任になったとき、他の先生方からその少年について悪い噂をさんざん吹き込まれました。にもかかわらず、先生の心には動ずる気持ちが少しもありませんでした。先生はその少年のクラスの担任になったとき、その少年を人気のない体育室に呼び、一個の人格対人格として話し合ったのです。

「きみはみんなから乱暴者と恐れられているが、どうしてそのようなことをするの？」

「誰もが俺をそんな目で見るからさ」

そこで先生は、少年をそのような色眼鏡で見ず、一個の人格として尊敬の気持ちで接するよと告げたのです。その愛の言葉が少年を変えました。少年はその日からプッツリ乱暴をやめてしまいました。

学校の評価より家庭の評価を大切にしていますか？

子育ての目的は子どもの独自の個性を発展させ、子どもの独創的思考を養成することでなくてはなりません。

日本は大変な教育国であるといわれています。大学に進学する学生も多くいます。けれども教育の内容となると、あまり高く評価されるものではなさそうです。

日本の教育は、受験のための勉強一色に塗りつぶされているといえる時代もありました。有名校へ入れるための詰め込み主義的な勉強、暗記中心の自主性の乏しい学習法、それが子どもたちに押しつけられた日本的学習法です。

学校時代をこのような学習法で過ごす結果、社会に出てから、人の模倣は非常に上手だけれども、独自の発想でものを考えだすのは非常に下手という人間が育ってしまっています。日本人でノーベル賞受賞者がまだ少ないのは、こうした教育の結果だといえそうです。日本人も近年、ノーベル賞をもらう人が増えてきましたが、圧倒的に受賞者の多いのがユダヤ人です。

ユダヤ人がなぜ多くのノーベル賞を受賞するのでしょう。その理由の一つは、ユダヤ人の親が日常よく考えるので、それを見て育ったユダヤ人の子どもたちは自然に考えることを子どもの頃から学んでいるからだといわれます。

ユダヤ人の親は毎日の食事の献立をとてもよく考えるのです。1回1回の食事をどのように考え工夫をすれば、見た目に美しくおいしく食べられるか、いつも研究しているといわれます。ユダヤ人ほど多くの料理献立をもつ人々は少ないといわれるほどです。

もちろん親の料理精神からだけ子どもたちが学ぶのではありません。ユダヤ人の日常の生活のすべての中に、考えるという精神が入っているのです。

このように、子どもが小さいときに家庭の雰囲気の中に考えることを重んじるという精神があることが非常に大切です。

このように見てくると、子どもの独創性を養う、考える力を育てるということができるのは、家庭であることがよくわかります。実際子どもの教育の中心は、学校にあるよりもむしろ家庭になくてはならないのです。

子どもに知識を与えるのは学校ですが、子どもに生きる英知を与えるのは家庭でなくてはならないのです。

学校は知識の習得の度合いによって、子どもを段階別に分けて評価します。けれども学校の評価はあまり気にしてはいけないのです。むしろ学校を離れて、家庭にしっかりした子どもに対する評価がなくてはなりません。

学校の評価はひどく悪かったけれど、家庭での子どもの評価が良かったために、子どもがよく伸びたという例は非常に多いのです。

たとえば誰もがよく知っているエジソンやアインシュタインの場合を見てみましょう。

エジソンやアインシュタインは学校での成績が非常に悪く、いわゆる劣等生でした。学校では丸暗記が強いられ、詰め込み主義の教育が行われていたけれども、エジソンもアインシュタインも、そのような教育とは肌が合わず、自分で考えることがむしろ好きだったのです。彼らに才能がなく、劣等生だったと考えてはいけません。彼らは他の子どもにはない、自分で考える才能を持っていたのです。

エジソンは1＋1＝2と教えられて、それを他の子どもたちのように丸暗記することに納得できず、なぜ2になるのか、とことん先生を問いつめました。先生はエジソンを1＋1＝2であることも理解できない愚かな少年と見てしまいましたが、親はそうではありませんでした。学校で劣等生の烙印《らくいん》を押されたわが子エジソンを、親は才能のある子どもとして立派に育てました。

アインシュタインも同じでした。彼は学校で教えられることを、ただ暗記しようという気持ちにはなれませんでした。そのため学校での評価は最低でしたが、家庭での評価はまるで違っていました。家庭では最高の評価が与えられ、したがって生きる自信が与えられていたのです。

このように子どもを学校の成績で評価してしまわずに、子どもの個性、本性を見て、それを引きだす働きかけが大切であることを学びましょう。子どもの個性に目を向けて、それを評価してあげると、動かなかった子どもの心が動きだします。自分で目標を見つけて学ぶ子、独自の考えを育てる子が育つのです。

子どもに仕事を与えていますか？

子育てで大切なことの一つは、子どもに自分のことは自分でさせ、過保護に育てないということです。自分のことは自分でさせ、手伝いをどんどんさせましょう。日常生活の中で、自分のことが自分でできない子どもは、頭も自分で使えなくなります。言われた通りに動き、自分からは心を動かさない子どもに育ってしまいます。

親が何でも手伝いすぎると、「お母さんして」と言って自分ではしようとしない子どもを育ててしまいます。

親が何でもしてやり、子どもには何もさせないという子育てをしてはいけません。むしろ子どもに用事を頼み、どんどん子どもに何でもさせる子育てを平生心がけてくださらないと、子どもの心は動かなくなります。すると創造性も育たないのです。

子どもの創造性を育てる基本は、子どもに小さな用事をつくって頼むことです。すると何でもしてくれる、何でも自分でしようとする意欲の高い子どもを育てます。

親が手を出しすぎ、子どもには何もさせないと、子どもの心に欲求不満をつくってしまいます。すると子どもが「キーッ」という欲求不満の声を出します。

このような子どもには、その子にできるもっともやさしい用事をつくり、してもらうことです。命令口調でさせてはいけません。頼んでしてもらうのです。「ゆかちゃん、ママをちょっと助けてくれない？　これをパパのところへ持って行ってくれない？　ママはちょっと手が離せないから」のように頼むのです。

子どもにものを頼み、用事をしてもらい、してくれたことに感謝して、「ありがとう」を言って育てれば、これは快感の刺激になり、曲がっていた子どもの心がまっすぐになります。

ところが子どものなすべき仕事さえ親が取ってしまって、子どもにはただ勉強さえしてもらえればよいと考える親がいます。

このように育った子どもは、大きくなって自分の身のまわりを自分で片づける習慣もなく、料理を自分でつくる習慣もなく、布団を自分で片づける習慣も育たず、大きくなったとき、自分のことは何もしない、何もできないルーズな人間に育ってしまっているということがよくあるのです。

この頃の子どもは家事の手伝いをしなくなっていることが統計に表われていると先日のテレビ番組で言っていました。小さな頃はよくするけれども、学校に入ると、それも学年が上になるほど、手伝いをしなくなる傾向が強いと言っていました。

これではいけません。玄関の靴をそろえるという仕事を子どものときから自分の仕事として、それを高校卒業まで続けると、大学入学は間違いなしともいわれます。

これはそのように自分の仕事をないがしろにせず、守り続ける責任感のある子どもは、他のことにおいても責任を持って、忍耐強く続けるので、すべてにおいて成功するという意味なのでしょう。

仕事は子どものやる気や根性、責任感、能力、心を育てるものなのです。

子どもの年齢に合った「課題性の仕事」を頼みましょう。子どもに親が仕事を頼むということは、親が子どもを信頼し、一人前扱いをしている、子どもを認めているということです。

「課題性の仕事」というのは、たとえば、子どもに豆腐を買いに行ってもらうとか、おばあちゃんの家に届けものをしてもらうとかです。その年齢に達しないとできないお手伝いです。そしてそれをしてもらうことによって、子どもがひと回り大きくなるといった性質の仕事です。

パパの日曜大工のお手伝いでもよし、ママの料理のお手伝いでもよいでしょう。

お手伝いには責任感を育てるという重要な一面があります。勤労精神を育て、勤労能力を育てます。これは大切な社会性のしつけです。子どもの心の働きの大切な一面です。

それは子どもの心を育てる大切な働きをします。人の仕事を手伝って、手伝った人に喜んでもらう、人に喜ばれることをする、そのことによって子どもは自分の心を広くします。

ただ一つ親が注意しなくてはならないことがあります。子どもに用事を手伝ってもらい、親が一緒にするという大切さを知っておくことです。親と一緒にするから楽しい、そして喜んでもらった、親の役に立ったという喜びが子どもの心を動かすのです。

子どもだけにさせると、ついそれが命令になってしまうことがあります。すると子どもが楽しまないのです。子どもに用事を頼むときは、子ども一人にさせるのではなく、親と一緒にするから楽しいという形を取るようにしてあげましょう。

終章

子育ては夢育て

～夢を大きく持てる子がその夢を果たす～

なぜ勉強するの？

親は、子どもに「なぜ勉強するの？」と聞かれたら、きちんと答えられるようにしておかなくてはなりません。「あなたのためよ。あなたが大きくなって受験したり、就職したりするときに役に立つのよ」とこういう返事の仕方では、子どもは心を動かさないでしょう。では、どのように答えたらよいでしょうか？

「人は大きくなって世の中の役に立つ仕事をしなくてはダメなの。よい子というのは人に喜ばれることをする子ども、人の役に立つ子どもなの。あなたが今勉強するのは、将来それを役立てて、世の中に貢献するためよ」

と、これくらいの返事ができればよいでしょう。

ここでユダヤの幼児教育を参考にしてみましょう。

ユダヤの家庭では、子どもが小さな2、3歳の頃から、子どもに毎日祈りの言葉で、「私は今日も、私とこの世界をよくするために努めます」と学び勉める意義を教えて育てるのだといいます。

4歳の頃からは「あなたたちには、自分たちが学んだ学問で、自分の周りの世の中をよくしていく義務があるのだ」と義務感を持たせて育てるのだといいます。

そしてこの自分たちが世の中をよく変えていくのだという義務感が、学問を大事にする習性と相まって、ノーベル賞受賞者がたくさん輩出するほどユダヤの教育を成功させている原動力なのだというのです。

ユダヤ人は学問を非常に大切にする人たちです。けれどもそれは日本のように、一流の学校に入ったり、卒業して一流の商社や官庁に入ったりするだけのためのものではないのです。ところが日本では、学問が自分の生活を安定させるためだけのものとして考えられる傾向が強いのです。

統計で見ても、この頃はマイホーム志向型の人間が多く育っているといわれます。社会へ貢献したいという項目には、あまり○《マル》がつかないのです。

それよりもマイホームを大切にし、趣味に生き、あるいはレジャーを楽しむという方が増えていることが、いろいろな統計からはっきり出ています。

これでは日本の社会に進歩がなくなってしまいます。これでは日本の教育は失敗しているとしかいえないでしょう。

これはやはり3歳、4歳といった小さなときから、この世に生きる意義、勉強する意義を教えなくてはなりません。

よく育った人間というのは、地域社会へ貢献できる人間なのです。

以前に、ルーマニアの学校では、地域社会へ貢献した人々の写真がたくさん貼ってあると聞いたことがあります。大きくなったらこの人々のように地域社会に貢献できる人間になりなさい、というのが学校教育の目標になっているそうです。

子どもたちは、毎日この写真を見て、自然に自分たちも大きくなったら人のために尽くす人間になろうと思いながら育っていきます。

残念ながら、日本にはこういう学校があまりないように思います。

日本の両親は子どもによく勉強をさせますが、何のために勉強するのか、子どもに教えることはあまりありません。

親が子どもに勉強させせながら、励ます言葉を聞いていると、「誰のためでもありません。あなた自身のためですよ。あなた自身の将来のためですよ」という言葉を聞くことが多いように思います。

これでは困ります。小さい子どもの頃は、それでもそれは親が自分の将来を思って言ってくれているのだと感じ、勉強をしますが、中学生、高校生にもなり、いったい自分は何のためにこんなに勉強しなくてはならないのかと考えはじめたとき、自分のためなら、もうこんなに勉強しなくてもいい、と考えるようになります。

するとそこで勉強しようという気持ちが停まり、失われてしまいます。そしてそれ以上深く勉強するということに意義を見出せなくなってしまいます。

ここから人生の迷いが始まったり非行が始まったりします。

小さなときに親が充分に愛情を伝えて、情緒形成がうまくでき、他人を思いやることと、自己本位に走らないことなどを教えて育てると同時に心してほしいことは、日常生活の中で「自分たちはこうして学んだことを、大きくなって世の中へ役立てるんだ」という使命感を感じさせて、育てていただきたいということです。

何のために学ぶかという使命感、価値観を3、4歳の頃から教えてください。

ユダヤの子育て

ユダヤ人は知的に非常にすぐれているといわれます。ノーベル賞受賞者の20パーセントがユダヤ人だといいます。これはユダヤの人口が、世界の人口の0.2パーセント以下であることを考えれば、驚くほどの数字です。

ユダヤ人は人種的にすぐれた人たちなのでしょうか。『ユダヤ式育児法』（ごま書房）を書いたルース・シロさんは言います。「人種・民族によって知能の優劣があるわけではない。あるのは教育の違いがあるだけ」と。

ユダヤ人が優秀なのは、ユダヤ式育児法の成果なのです。私たちはユダヤの子育てに多くを学ばなくてはなりません。

ユダヤ人の父親は、安息日には必ず家族と一緒に過ごします。そして子どもの教育のために必ず時間を割くのです。１週間に一度必ず休みを取り、その日は子どもの教育の日なのです。

ただし教育といっても、ユダヤ人の父親は子どもに知識を教え込むという形で、子どもの教育をするのではありません。

ユダヤ人は知識より知恵を大切にします。ユダヤ人は子どもに「ユダヤ人の唯一の財産は知恵である」と教えます。

ユダヤの諺《ことわざ》に「魚を1匹やれば1日だけもつが、魚のとり方を教えれば一生生活できる」というのがあります。

ユダヤ人の父親は、子どもによく次のような話をします。

「船の中にたくさんのお金を持った金持ちと、知恵を持った人が乗り合わせました。『二人のどちらが金持ちか』という話になりました。金持ちはたくさんの宝石や、お金を見せて自慢しました。知恵を持った人は、その場で見せるものは何もありませんでした。さあ、この2人のうち金持ちなのはどちらだろうね？」

と父親は聞きます。

続けて、

「2人の乗った船が海賊に襲われて、金持ちは持っているものをすべて奪われてしまい、知恵のある人は奪われるものが何もなかった」

と話します。

父親は安息日になると、いつもこのような話をして、物語から子どもに教訓を引きださせるのです。あるいは先祖について、ユダヤの歴史について語って聞かせます。

安息日に、そのような家庭の習慣があるので、ユダヤ人とユダヤの知恵は決して滅びることはないと、ユダヤ人は思っています。

ユダヤ人の幼児教育のスケールが大きいことが、ユダヤの子どもを賢くしています。

親が大きな夢を吹き込むこと

子育ては夢育てなのです。夢を大きく持てる子が、将来その大きな夢を果たします。日本にも昔、ユダヤに負けない大きな教育がありました。

山口県の萩《はぎ》に松下村塾《しょうかそんじゅく》というのがあって、ここから驚くほどたくさんのすぐれた人材が輩出しました。吉田松陰《よしだしょういん》は日本のいちばんすぐれた教育者であったとよくいわれます。

吉田松陰は、１８５６年から５８年までの2年間、松下村塾で塾生たちを教えました。この塾生たちの中から明治維新に活躍した志士たちを非常にたくさん育てたのです。

わずか2年間でどうしてこのようにすぐれた人たちをたくさん生みだすことができたのでしょう。

松陰は松下村塾に習いたいといって来る者があると、いつも必ず何のために学問をするのかと問いました。

たいていの者が、「書物が読めるようになりたい」と言うので、「学者になってはいかぬ。人は実行が第一である」と実行と志を大きく立てることの必要さを説きました。

松陰が教えた弟子たちの中から、偉人たちがたくさん育ったのは、松陰が弟子たちに志を吹き込んだからです。松陰は「志を持たない学問なら、学問をしないほうがまし」と言いました。

「凡人だから何もできないとあきらめるな。孔子《こうし》も孟子《もうし》も同じ人間でありながら、天下、後世の見本となったのは志があったからだ。志があれば必ず開ける」と説きました。松陰自身日本を変えたいという大きな志を持っており、それを若者たちに伝えたので、若者たちが大きく育っていったのです。

松陰は来る者はどんな人でも受け入れました。たとえ不良青年でも受け入れました。どんな人物にでも潜んでいる何らかの才能と、よき性格を敏感にかぎだして、それを称賛し、激励してやりました。

教育というのはもともとラテン語で「引きだす」という意味です。松陰は弟子たち一人ひとりに何を為すべきか熱心に考えてやり、くどいまでに立ち入って忠告を与えました。

その人のために怒り、そして泣きました。すべての門弟たちは自分でも気がつかなかった自分の才能を指摘され、自信と活力を若い胸にたぎらせました。

魂のある人間ならば、このような師にめぐり合って、感激しない者はないでしょう。松陰は魂の教育者、心の教育者だったのです。

松陰のところには青年ばかりでなく、5、6歳から11、12歳の子どもも集まってきました。松陰がこの子たちに戦国時代の武将の話などをしてやり、その話の中に上手に教訓を交えました。

子どもたちは目に見えて行動がよくなり、学問好きになりました。

教育を単なる知識の詰め込み、学校でよい成績を取れる子どもに育てることと思い違いをしないようにしましょう。志を育てることを忘れないようにしましょう。

松陰は弟子たちに大きな志を持たせるために、本をたくさん読むことをすすめました。特に過去の歴史に学ぶことの大切さを教えました。

古人の実践活動を見れば自分の志を励ますことができるといい、自ら歴史上の偉人たちの生き方を鑑《かがみ》としたばかりでなく、弟子たちにもその生き方を植えつけました。そのために偉人たちが多く育ったのです。

松陰は弟子たちに説きました。

「自分の持つ力の限りを出して、世の中に役立つ学問をするべきである。有益有用の書を選んで読みなさい。さもないとうてい自分がなすべき目標、目的は達成されるものではない」

今の教育に欠けているのは松陰のこの教えではないでしょうか。

子どもたちに大きな夢を吹き込んであげましょう。そのためには小さいときから、過去の偉人たちの話をしてあげましょう。偉人たちの伝記物語を読んであげたり、歴史の本をたくさん読んであげたりしましょう。

早くから教育したのに、大きくなってたいして成果が上がっていないというケースがたくさんあります。どこが間違っているのでしょう。人間を大きく育てるのは、単なる英才ではなく、志の大きさなのです。

発明の才のある子、独創性のある子を育てよう

子育ての目標の一つは創造性の高い子、独創力のある子を育てることです。そのためには発明の才のある子どもを育てることを目標にしましょう。

日本はなぜ世界有数の経済大国になったのでしょうか。原因はいろいろあると思いますが、その一つに日本人は発明好きということが挙げられると思います。

一国の興亡は実は発明の質と量にあると考えるとよいのです。

それは一企業の盛衰は、その企業が他のどこにも負けない独自の発明品を造りだしたかどうかにあるのと同じです。生産と販売を一社で独占できる品物が造れたら、その企業は大きく伸びます。

過去の歴史で調べてみましょう。ソニーはテープレコーダーで、日立はモーターで、トヨタは自動織機で、パナソニックは電池式ランプで大きくなったのです。

今企業がいちばん必要としている人材は独創性のある若者、言い換えれば発明の能力のある若者です。

一つのすぐれた発明をしてもらえれば、その企業は非常に潤うからです。

今までの教育はどちらかというと記憶偏重の教育が主体でした。大学入試も結局記憶力がよく、よく覚えている子が楽にパスします。

けれども記憶力だけを磨いてきた子どもは、社会に出てから行き詰まります。社会が求めているのは、むしろ自分でものを考える力のある創造性タイプの人間なのです。

そこで子育てで考えなくてはならないのは、この創造性タイプの人間を育てることです。これは、創造性タイプの子どもは記憶の訓練をしなくてよいということとは違います。

人間の知識活動のベースには、すべて記憶がなくてはならないからです。

けれども小さな頃から記憶の訓練だけに偏ってしまうと、創造性の枯渇した、融通のきかない頭を育ててしまいます。これは警戒しなくてはなりません。

この頃は企業の学生採用の基準が変わってきています。有名大学卒業者を採用する

という会社は、頭が固く、旧《ふる》い権威主義から脱することのできない会社です。このような企業は競争に落ちこぼれていくでしょう。

ある企業では、履歴書に出身校を書かないでよく、代わりに人とどれだけ違う能力を持っているかを採用の基準にしています。

またある企業では、大学で留年した経験のある者しか採らないということです。面接のときに留年した経験があるかどうかを問い、その留年に対して、自分でどう思っているかを問い、「もっと勉強すればよかったと後悔している」と返事をした者は採らず、留年してよかったと答えた者の中から、なぜ留年したかを徹底的に問いただし、採用者を決めるというのです。

なぜこのような採用法にしたかというと、この会社では、それまで採用した社員の中で、目覚ましい仕事をする社員の数が留年組の中に非常に多かったからです。

そこで〝金の卵〟を探すには、ストレートに大学を出る学生よりも、留年経験のある学生の中にそれを探せという会社の方針になったのです。

結局、企業が求めているのは、そして新しい時代にはばたく人間に求められているのは、強い個性のある人間、光る個性のある人間であるということです。

勉強、勉強で鞭打《むち》って、子どもを育ててはなりません。それで一番の成績をとって学校を出ても、社会に出るとほどほどのところにとどまってしまいます。

成績よりももっと大切なものがあることを、子育てをする親は知らなくてはなりません。人の役に立ちたい、この世に何か新しいものを付け加えたいという夢を持つ子を育てるのがよいのです。

ところが世の一般の、これから子育てをする親たちは、子どもを普通のレールに乗せ、みなの列からはみ出さない子に育てたいと思ってしまいます。進学競争の中に投げ込み、まあいいほうの成績で、いい高校に入り、いい大学に入れたら安心と考えます。

子どもがレールからはずれると、非常に心配します。むしろこういう子どもの中に、非常に夢があってすぐれた子どもがいるものなのです。

一人ひとりの子どもが持つ個性を伸ばしていくのがすぐれた人間教育であり、万人の幸福教育であることを知るべきです。

最後に親が、世の中に出るわが子に教えておくとよいことを五カ条にしてまとめておきたいと思います。

①協調性
②自発性
③責任感
④世の中への貢献
⑤人間性

まず世の中に出ては、人と協調してやっていくことが求められます。そのためには一人ひとりの友だちを尊敬し、協力し合ってやっていくことの大切さを教えたいものです。人に喜んでもらえることをするのがその基本であることを教えましょう。

子どもが人に言われて動くのではなく、自分で考えて動く自発性が大切です。指示待ち人間にならないように、すすんで独創的な考えを発表し、実行することができるように、そのためには目的や、夢、志を持って自分から学んでいく大切さを教えましょう。

自分がすることについては、きちんと責任を持って行動するように教えましょう。

責任のある行動のとれる人は他の人々からの信頼を得ます。

それから世の中へ貢献することの大切さをしっかり教えておきたいものです。それぞれの場所にあって、それぞれが「一隅《いちぐう》を照らす」生き方を子どもに説いておきたいものです（「一隅を照らす」とは、天台宗の開祖・最澄《さいちょう》の言葉で、『国の宝とは金銀財宝のことをいうのではない。職業は何であろうと、自分の持ち場を最高に思い、そこに真心をつくす。そういう人が何人いるかが、国が豊かであるかどうかの判断の基準になる。一隅を照らす人こそが国の宝である』というものです）。

最後に高い人間性を目指して徳を磨いていくことの大切さを説きましょう。自分のすることが人の道からはずれないように。そのためには絶えず自分の人間性を磨き、徳を磨くことの大切さを教えたいものです。

自分のすることが、ふり返ってみて利己的でなく高い次元からきているかどうかが、自分の徳を高める行動かどうかの判断の基準になることを子どもに教えておきましょう。

おわりに

人の世の中でいちばん大切なのは、一人ひとりが人に喜ばれることをするということです。これがすべての人にできれば、この世はそのままとても幸せな世界になります。小さな子どものときから、子育てをする親御さんたちが心の子育てでお子さまを育ててくだされば、子どもたちはきっとみんな人の喜ぶことをする大人に育つに違いありません。

この本はそこに焦点を当てて書いたつもりです。小さなときからそのような心を育て、大きくなってこれまで学んだことを地域への貢献に役に立てる、そんな志を持った子どもたちがどんどん育ってほしいと、そんな夢を描きながら筆を進めてきました。

これからは、心を育てることを根本原理とした愛の教育がなされなくてはならないと思います。

この本が、みなさま方の子育てに役立つことを心から願っています。

七田 眞

父がこの本を著してから四半世紀、この世を去ってからは10年以上が経ちましたが、今でも版を重ねており、時代は変わっても、子育ての本質・大切にしなくてはいけないことは変わらないのだなと、しみじみ感じています。

このたびの改訂に際し、平成から令和へと時代が変化したのを機に、一部、実状に合わなくなった箇所に、若干の加筆・修正をさせていただきました。

スマートフォンの出現によって、子育てを取り巻く環境が、それまでと大きく変わっています。これからはＡＩ時代といわれ、ますます環境が変わっていくのでしょうが、子育ての基本は変わらず、親の「愛」を伝えることです。

そうして、知育よりも「心を育てること」を優先してくださると、素直なお子さまが育ち、子育てがしやすい、愛にあふれたご家庭になることでしょう。

七田 厚

七田式教室所在一覧

2020年3月現在

◎北海道　札幌円山／札幌月寒
◎秋田　秋田
◎宮城　晃学園仙台／晃学園泉
◎福島　福島／郡山／小名浜
◎茨城　日立／つくば／水戸／東海／鹿嶋／北浦／鉾田
◎群馬　前橋／伊勢崎／高崎／太田
◎栃木　小山／足利／宇都宮／栃木
◎埼玉　浦和／熊谷／春日部／深谷／川越／川口／大宮／朝霞／東川口／鳩ケ谷／ふじみの／久喜／上尾たんぽぽ／上尾／越谷レイクタウン／所沢
◎千葉　柏／ホテルニューオータニ幕張／新松戸／津田沼／新浦安／千葉駅前／船橋駅前／新鎌ヶ谷／千葉ニュータウン／船橋ふたわ／小見川／我孫子／流山おおたかの森
◎東京　成城学園前／亀戸／板橋／高田馬場／門前仲町／三田／渋谷／東武練馬駅前／町田／中目黒／浜田山／春日駅前／大塚／池袋／田端／竹の塚／綾瀬／大井町／勝どき駅前／金町／神楽坂／葛西／五反田／大泉スワロー／練馬／中野／日暮里／麹町／新高円寺／武蔵小山／新宿南口／吉祥寺／三軒茶屋／荻窪／下北沢／府中／赤羽／錦糸町／成増／国分寺／上野御徒町／浅草
◎神奈川　宮前平／登戸／横須賀／横浜旭／横浜金沢／横浜港北／横浜都筑／横浜緑／川崎新百合ヶ丘／武蔵小杉／横浜あおば／ひまわり／上大岡／鎌倉／秦野／川崎駅前／戸部駅前／えびな／ほどがや／相模大野／港南台／藤沢
◎新潟　上越／新潟／長岡
◎長野　長野南／長野駅前
◎富山　富山
◎石川　かほく／小松／小松北
◎静岡　はままつ／静岡／藤枝／磐田
◎愛知　豊田美山／一宮／津島／藤が丘／八事／岡崎駅前／刈谷／豊田駅前／碧南／安城／大池公園／滝ノ水／半田／岡崎／高蔵寺／春日井勝川駅前／大曽根駅前／星が丘
◎岐阜　瑞浪／多治見／大垣
◎三重　鈴鹿／久居／津／松阪

◎京都　宇治／京都／松井山手
◎滋賀　栗東／びわ湖大津
◎大阪　江坂／天六／本町／テンダー泉ヶ丘／テンダー狭山・金剛／交野／フィースト羽衣／フィースト岸和田／フィースト泉佐野／なんば／守口／樟葉／池田／久宝寺／堺東／藤井寺／香里園
◎奈良　王寺／香芝／学園前
◎兵庫　芦屋／西宮北口／池淵スクール加古川駅前／池淵スクール姫路駅前／キャプテン姫路南／園田駅前／三宮
◎岡山　三鈴学園さん太／三鈴学園三鈴／三鈴学園西大寺／三鈴学園倉敷／津山／灘崎
◎広島　新井口／東広島／広島／福山
◎鳥取　はなふさ鳥取／はなふさ米子
◎島根　江津本部／はなふさ松江／はなふさ出雲
◎山口　下関
◎徳島　蔵本／徳島／鳴門
◎高知　いの枝川
◎福岡　新宮／守恒／アップル黒崎／アップル三萩野／那珂川／渡辺通り／ももち浜
◎佐賀　佐賀／鍋島
◎大分　大分明野
◎長崎　いさはや／長崎たらみ
◎宮崎　木城／ありた
◎鹿児島　天文館／谷山／タイヨー重富
◎沖縄　宮古／石垣

【世界に広がる七田式教育】

台湾・シンガポール・マレーシア・アメリカ・インドネシア・タイ・オーストラリア・香港・中国・カナダ・ベトナム・ラオス・ミャンマー・カンボジア・イギリス・ルーマニア・インド・韓国
(海外の教室は、原則的に各国の言語でレッスンを行っています)

※体験予約・お問い合わせ先、住所等詳細、また最新データは、
七田式教育公式サイト（https://www.shichida.co.jp/）をご覧ください。
→「七田式」で検索。

◎参考文献

『自分の子供を一番にする法』梶本晏正著／中経出版
『日本には教育がない――ユダヤ式天才教育の秘密』M・トケイヤー著　加瀬英明訳／徳間書店
『内藤博士の 叱らずにほめる子育ての本――お母さんの不安をすべて解消する』内藤寿七郎著／KKベストセラーズ
『8秒間のスキンシップ――こうすれば子どもの〝やる気〟がひき出せる』川合月海著／広池学園出版部

【著者紹介】

七田 眞（しちだ・まこと）

七田式教育の創始者。1929年島根県出身。長年研究してきた幼児教育を、七田式幼児教育理論として確立。1997年社会文化功労賞受賞、世界学術文化審議会より国際学術グランプリ受賞。また国際学士院の世界知的財産登録協議会より、世界平和功労大騎士勲章を受章。1998年ユネスコ世界平和賞を受賞。2003年スウェーデン王立アカデミーより健康医学大賞を受賞。2009年4月22日逝去、享年79歳。

七田 厚（しちだ・こう）

株式会社しちだ・教育研究所代表取締役社長。1963年生まれ、島根県出身。七田眞の次男。修道高校卒。東京理科大学理学部数学科卒。1987年より株式会社しちだ・教育研究所代表取締役社長。著書に『「子どもの力」を100％引き出せる親の習慣』（PHP文庫）、『忙しいママのための 七田式「自分で学ぶ子」の育て方』（幻冬舎）、『お父さんのための子育ての教科書』（ダイヤモンド社）など多数。

認めてほめて愛して育てる

2020年4月15日　第1版第1刷発行
2025年2月6日　第1版第4刷発行

著　者　七田 眞　七田 厚
発行者　村上雅基
発行所　株式会社PHP研究所
京都本部　〒601-8411　京都市南区西九条北ノ内町11
〔内容のお問い合わせは〕暮らしデザイン出版部 ☎075-681-8732
〔購入のお問い合わせは〕普及グループ ☎075-681-8818
印刷所　TOPPANクロレ株式会社

ISBN978-4-569-84637-8

＊本書は１９９６年発刊の『認めてほめて愛して育てる』（七田眞著／ＰＨＰ研究所）に加筆・修正を加えたものです。